KB066120

니코니코
일본어

니코니코 일본어

지은이 허지은, 최은희, 김수경, 김선희
펴낸이 임상진
펴낸곳 (주)넥서스

초판 1쇄 인쇄 2024년 8월 27일
초판 1쇄 발행 2024년 9월 5일

출판신고 1992년 4월 3일 제311-2002-2호
주소 10880 경기도 파주시 지목로 5
전화 (02)330-5500 팩스 (02)330-5555
ISBN 979-11-6683-892-7 13730

출판사의 허락 없이 내용의 일부를
인용하거나 발췌하는 것을 금합니다.

가격은 뒤표지에 있습니다.
잘못 만들어진 책은 구입처에서 바꾸어 드립니다.

www.nexusbook.com

일본어 기초와 문화를 한 번에!

허지은, 최은희, 김수경, 김선희 지음

넥서스 JAPANESE

일본어와 일본 문화를 한 번에!

일본어를 배우는 일은 단순히 언어를 습득하는 것을 넘어 일본의 문화와 역사를 이해하는 중요한 과정입니다. 언어와 문화는 서로 떼어낼 수 없는 밀접한 관계를 가지고 있으며, 일본어를 깊이 있게 배우고자 하는 이들에게는 일본 문화를 이해하는 것이 필수적입니다. 이 책은 일본어 학습자들이 언어와 문화를 함께 익히고 더 풍부한 학습 경험을 할 수 있도록 돕기 위해 집필되었습니다.

『니코니코 일본어』는 일본어를 처음 접하는 학습자들, 일본 문화를 보다 깊이 있게 이해하고자 하는 이들 그리고 일본 유학을 준비하는 학생들을 염두에 두고 작성되었습니다. 이 책은 일본어 문자와 발음부터 기초 회화 그리고 일본의 문화와 역사까지 종합적으로 다루어 학습자들이 단계적으로 실력을 쌓아갈 수 있도록 구성하였습니다.

특히 이 책은 기초 문법 학습을 넘어서 일본 유학을 하게 된 주인공이 공항에서부터 도쿄를 비롯한 인근 지역을 탐방하는 과정을 통해 일본 문화를 탐구하는 방식으로 이야기를 풀어갑니다.

이를 통해 독자들은 일본의 언어와 문화를 실제 생활과 밀접한 상황 속에서 익힐 수 있을 것입니다.

집필진은 오랜 시간 일본에서 유학하며 체득한 경험을 바탕으로, 실제 도쿄를 중심으로 일본의 문화와 역사를 생동감 있게 담아내고자 노력했습니다. 지면의 한계로 모든 관심사를 다 담을 수는 없었지만, 독자들이 일본 문화를 더욱 친근하게 접할 수 있도록 재미있고 유익한 내용을 선별하였습니다.

이 책은 서강대학교 혁신지원사업의 지원을 받아 진행된 교재개발 연구의 결실입니다. 일본어와 일본 문화를 함께 배우고자 하는 모든 이들에게 이 책이 유용한 길잡이가 되기를 바랍니다.

이 책이 출판되기까지 애써 주신 넥서스 관계자 여러분께 깊은 감사의 마음을 전합니다.

독자 여러분들이 이 책을 통해 일본어 학습에 큰 진전을 이루고, 더 나아가 일본 문화를 이해하는 데 있어 새로운 통찰을 얻기를 진심으로 바랍니다.

저자 일동

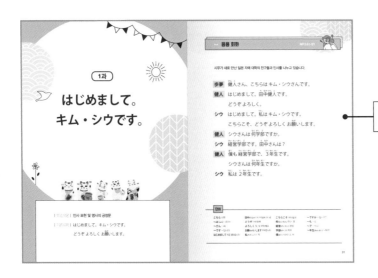

응용 회화

등장인물의 대화문을
통해 기초 문법과 표현을
미리 살펴볼 수 있습니다.
원어민이 녹음한 MP3를
들으며 회화를 연습해
봅시다.

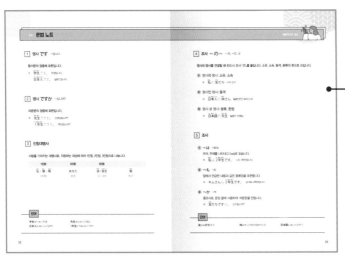

문법 노트

각 품사별 기초 문법을
예문과 함께 수록하였습니다.

원어민 예문 MP3를 들으면
더욱 효과적입니다.

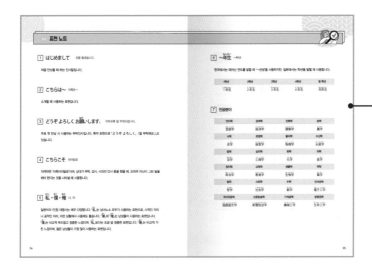

표현 노트

다양한 상황에서 사용되는
여러 가지 회화 표현 및
어휘를 함께 익힐 수
있습니다.

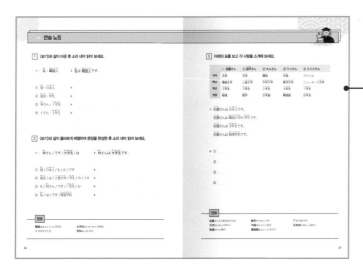

연습 노트

연습 문제를 통해 각 과에서
배운 주요 문법을 응용하고
복습할 수 있습니다.

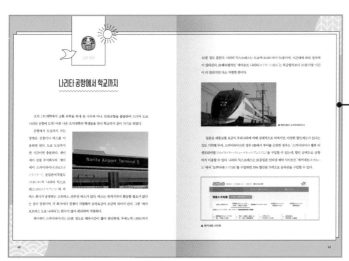

일본 문화

일본 문화를 더욱
친근하게 접할 수 있도록
재미있고 유익한 내용을
수록하였습니다.

| 목차 |

원어민 MP3

1 넥서스북 홈페이지(www.nexusbook.com)에서
도서명으로 검색한 다음 MP3/부가자료 영역에서
'다운받기'를 클릭하면 무료로 다운로드할 수 있습니다.

2 스마트폰을 통해 책 속의 QR코드를 인식하면
원어민 MP3를 바로 들을 수 있습니다.

MP3

별책부록

1 히라가나 & 가타카나 노트: 일본어 문자를 여러 번 써 보며 연습해 볼 수 있습니다.

2 한자 쓰기 노트: 한자를 획순에 따라 올바르게 쓰며 암기할 수 있습니다.

3 응용 회화 해석: 본문에 수록된 응용 회화의 우리말 해석을 확인할 수 있습니다.

4 연습 노트 정답 및 해석: 본문에 수록된 연습 노트의 정답과 보기 해석을 확인할 수 있습니다.

김시우 (キム・シウ)

일본 대학으로 교환유학을 온 학생.

송미나 (ソン・ミナ)

일본 대학으로 교환유학을 온 학생.

다나카 겐토 (田中健人)

일본 대학의 학생. 경영학부 3학년.

사토 아유무 (佐藤歩夢)

일본 대학의 학생. 경영학부 2학년.

OT

일본어
문자와 발음

| 학습내용 | 가나문자와 발음

▶▶ 1. 일본어 문자

일본어 문자는 크게 가나(仮名)와 한자(漢字)로 나뉩니다. 가나는 일본 고유의 문자로서 한자를 모태로 만들어졌으며, 히라가나(ひらがな・平仮名)와 가타카나(カタカナ・片仮名)가 있습니다.

① 히라가나

히라가나는 일본어의 기본적인 문자로 동사와 형용사의 활용어미나 조사 등에 사용됩니다. 한자의 초서체를 더 간략화하여 만들어진 문자로 헤이안 시대인 9세기 말부터 10세기 초에 성립하였다고 여겨집니다. 주로 여성이 편지・일기・와카(和歌) 등에 활발하게 사용하여 온나데(女手)라고도 하였습니다.

② 가타카나

가타카나는 외래어와 외국지명 및 인명 표기에 사용되며, 의성어, 의태어, 동식물의 학명 표기에도 사용됩니다. 한자 자획의 일부분을 취하여 만든 문자로 처음에는 한문을 읽기 위한 보조 도구로 사용되었습니다. 성립 시기는 히라가나와 마찬가지로 헤이안 시대입니다.

● 히라가나의 자원

あ	い	う	え	お
安	以	宇	衣	於
か 加	き 幾	く 久	け 計	こ 己
さ 左	し 之	す 寸	せ 世	そ 曽
た 多	ち 知	つ 川	て 天	と 止
な 奈	に 仁	ぬ 奴	ね 祢	の 乃
は 波	ひ 比	ふ 不	へ 部	ほ 保
ま 末	み 美	む 武	め 女	も 毛
や 也		ゆ 由		よ 与
ら 良	り 利	る 留	れ 礼	ろ 呂
わ 和				を 遠
ん 无				

● 가타카나의 자원

ア	イ	ウ	エ	オ
阿	伊	宇	江	於
カ 加	キ 幾	ク 久	ケ 介	コ 己
サ 散	シ 之	ス 須	セ 世	ソ 曽
タ 多	チ 千	ツ 川	テ 天	ト 止
ナ 奈	ニ 仁	ヌ 奴	ネ 祢	ノ 乃
ハ 八	ヒ 比	フ 不	ヘ 部	ホ 保
マ 末	ミ 三	ム 牟	メ 女	モ 毛
ヤ 也		ユ 由		ヨ 与
ラ 良	リ 利	ル 流	レ 礼	ロ 呂
ワ 和				ヲ 乎
ン 尓				

14

③ 한자

한자는 4~5세기경에 백제의 박사 왕인(王仁)이 천자문과 논어를 일본에 전한 것이 시초라고 합니다. 일본에서 한자 읽기는 음과 훈을 모두 사용하며 일본식 약자로 표기합니다. 일본에서 만들어진 한자도 있는데 이는 국자(国字)라고 합니다.

● **음독과 훈독**

예 人　　음독 じん・にん　훈독 ひと

　　日　　음독 にち・じつ　훈독 ひ

● **약자**

예 国(國) 음독 こく　　　훈독 くに

　　体(體) 음독 たい　　　훈독 からだ

● **국자**

예 働(일하다)　　　峠(산마루)

　　労働者(일본)　　勞働者(한국)

● 오십음도

	a단	i단	u단	e단	o단
A행	あ ア a	い イ i	う ウ u	え エ e	お オ o
KA행	か カ ka	き キ kɨ	く ク ku	け ケ ke	こ コ ko
SA행	さ サ sa	し シ shi	す ス su	せ セ se	そ ソ so
TA행	た タ ta	ち チ chi	つ ツ tsu	て テ te	と ト to
NA행	な ナ na	に ニ ni	ぬ ヌ nu	ね ネ ne	の ノ no
HA행	は ハ ha	ひ ヒ hi	ふ フ hu	へ ヘ he	ほ ホ ho
MA행	ま マ ma	み ミ mi	む ム mu	め メ me	も モ mo
YA행	や ヤ ya		ゆ ユ yu		よ ヨ yo
RA행	ら ラ ra	り リ ri	る ル ru	れ レ re	ろ ロ ro
WA행	わ ワ wa				を ヲ o
N	ん ン N				

① 청음(清音)

청음은 탁점이나 반탁점 없이 오십음도의 발음 그대로 읽는 음을 말합니다.

● 히라가나

	あ단	い단	う단	え단	お단
あ행	あ a ありがとう	い i いいえ	う u どうも	え e いいえ	お o おはよう
か행	か ka かれ	き ki やきにく	く ku よろしく	け ke けしき	こ ko こんにちは
さ행	さ sa さいふ	し shi よろしく	す su すし	せ se すみません	そ so こちらこそ
た행	た ta わたし	ち chi こちらこそ	つ tsu つる	て te はじめまして	と to ありがとう
な행	な na さようなら	に ni にほん	ぬ nu いぬ	ね ne ねこ	の no のる
は행	は ha おはよう	ひ hi ひと	ふ hu さいふ	へ he へや	ほ ho にほん
ま행	ま ma すみません	み mi おやすみ	む mu あゆむ	め me はじめまして	も mo どうも
や행	や ya へや		ゆ yu あゆむ		よ yo よろしく
ら행	ら ra さようなら	り ri ありがとう	る ru のる	れ re それ	ろ ro よろしく
わ행	わ wa わたし				を o きをつけて
ん	ん N にほん				

● 가타카나

	ア단	**イ단**	**ウ단**	**エ단**	**オ단**
ア행	ア a アイス	イ i イヤホン	ウ u ソウル	エ e エアコン	オ o オレンジ
カ행	カ ka カメラ	キ ki キウイ	ク ku クリスマス	ケ ke ケーキ	コ ko コート
サ행	サ sa サッカー	シ shi シーソ	ス su スプーン	セ se セーター	ソ so ソーセージ
タ행	タ ta タクシー	チ chi チーズ	ツ tsu ツナ	テ te テレビ	ト to トイレ
ナ행	ナ na ナイフ	ニ ni ニュース	ヌ nu ヌードル	ネ ne ネックレス	ノ no ノート
ハ행	ハ ha ハート	ヒ hi ヒーター	フ hu ファイル	ヘ he ヘルメット	ホ ho ホテル
マ행	マ ma マグカップ	ミ mi ミルク	ム mu ムービー	メ me メール	モ mo モデル
ヤ행	ヤ ya ヤシ		ユ yu ユニフォーム		ヨ yo ヨガ
ラ행	ラ ra ラーメン	リ ri リゾート	ル ru ルール	レ re レストラン	ロ ro ロッカー
ワ행	ワ wa ワンピース				ヲ o
ン	ン N パン				

18

② 탁음·반탁음(濁音·半濁音)

탁음은 「か·さ·た·は」 문자의 오른쪽 윗부분에 탁점(゛)을 붙여서 표기하며, 반탁음은 「は행」 문자의 오른쪽 윗부분에 반탁점(゜)을 붙여서 표기합니다.

	あ단	い단	う단	え단	お단
が행	が ga	ぎ gi	ぐ gu	げ ge	ご go
ざ행	ざ za	じ ji	ず zu	ぜ ze	ぞ zo
だ행	だ da	ぢ ji	づ zu	で de	ど do
ば행	ば ba	び bi	ぶ bu	べ be	ぼ bo

예　　ありがとうございます 감사합니다　　　　かぜ 바람
　　　どうぞ 부디, 어서　　　　　　　　　　　そば 옆
　　　だいがく 대학　　　　　　　　　　　　　ぼく 나

	あ단	い단	う단	え단	お단
ぱ행	ぱ pa	ぴ pi	ぷ pu	ぺ pe	ぽ po

예　　ぴかぴか 반짝반짝　　　　　　　　ぺらぺら 줄줄

비교　かぎ 열쇠 : かき 감　　　　　　　ごご 오후 : ここ 여기
　　　まだ 아직 : また 또　　　　　　　かんごく 감옥 : かんこく 한국

19

3 요음(拗音)

요음은 い단의 음 「き·し·ち·に·ひ·み·り·ぎ·じ·び·ぴ」의 오른쪽에
「や·ゆ·よ」를 작게 써서 표기하고, 앞의 い단의 음과 한 음절로 발음합니다.

가타카나의 외래어 표기에는 「あ·い·う·え·お」도 요음으로 사용됩니다.

か행	きゃ kya	きゅ kyu	きょ kyo
さ행	しゃ sha	しゅ shu	しょ sho
た행	ちゃ cha	ちゅ chu	ちょ cho
な행	にゃ nya	にゅ nyu	にょ nyo
は행	ひゃ hya	ひゅ hyu	ひょ hyo
ま행	みゃ mya	みゅ myu	みょ myo
ら행	りゃ rya	りゅ ryu	りょ ryo
が행	ぎゃ gya	ぎゅ gyu	ぎょ gyo
ざ행	じゃ ja	じゅ ju	じょ jo
ば행	びゃ bya	びゅ byu	びょ byo
ぱ행	ぴゃ pya	ぴゅ pyu	ぴょ pyo

예　きょうしつ 교실

しゅうしょく 취직

おちゃ 녹차

にゅうがく 입학

ひょう 표

みゃく 맥

りょこう 여행

ぎょうざ 교자

じゅう 십(10)

びょういん 병원

ろっぴゃく 육백(600)

フォーカス 포커스

비교　きゃく(客) 손님 : きやく(規約) 규약

じゅう(十) 십(10) : じゆう(自由) 자유

21

4 장음(長音)

장음은 앞의 모음을 길게 발음하는 모음을 말합니다. 가타카나의 장음은 「ー」로 표기합니다.

① **あ단의 음 뒤에 「あ」**　　おかあさん 어머니　　ハート 하트

② **い단의 음 뒤에 「い」**　　おにいさん 형　　チーズ 치즈

③ **う단의 음 뒤에 「う」**　　すうがく 수학　　つうしん 통신

④ **え단의 음 뒤에 「え」 또는 「い」**　　おねえさん 누나, 언니　　せんせい 선생님

⑤ **お단의 음 뒤에 「お」 또는 「う」**　　おおい 많다　　こうはい 후배

비교　　おばあさん 할머니 : おばさん 아주머니

　　　　ゆうき 용기 : ゆき 눈

　　　　せいき 세기 : せき 자리

　　　　こうこう 고등학교 : ここ 여기

　　　　ビール 맥주 : ビル 빌딩

5 촉음(促音)

촉음은 「つ/ツ」를 작게 표기한 것으로 「か・さ・た・ぱ행」 앞에만 나타나며, 뒤에 오는 음에 따라 소리가 달라집니다. 받침처럼 읽히지만 특수한 음으로 한 박자를 갖고 있습니다.

① **か행 앞 [k]**　　がっこう 학교　　サッカー 축구

② **さ행 앞 [s]**　　ざっし 잡지　　いっさつ 한 권

③ た행 앞 [t]　　もっと 더　　　　　　ペット 애완동물

④ ぱ행 앞 [p]　　いっぱい 가득

비교　　かっこ(括弧) 괄호 : かこ(過去) 과거

　　　　おっと(夫) 남편 : おと(音) 소리

　　　　しゅっちょう(出張) 출장 : しゅちょう(主張) 주장

※ 외래어 표기에서는 「ベッド(bed)」, 「バッグ(bag)」와 같이 표기하는 경우도 있습니다.

6 발음(撥音)

발음은 「ん/ン」으로 표기하며, 뒤에 오는 음에 따라 소리가 달라집니다. 촉음과 마찬가지로 발음도 특수한 음으로 한 박자를 갖고 있습니다.

① ま·ば·ぱ행 앞 [m]　　　　　　　てんぷら 튀김　　　　さんま 꽁치

② さ·ざ·た·だ·な·ら행 앞 [n]　べんとう 도시락　　　　オレンジ 오렌지

③ か·が행 앞 [ng]　　　　　　　かんこく 한국　　　　まんが 만화

④ あ·や·わ·は행 앞 [N]　　　　でんわ 전화　　　　ラーメン 라면

비교　　新聞　しんぶん(일본) : 신문(한국)

　　　　電話　でんわ(일본) : 전화(한국)

일본 개관

〰〰〰〰〰

자연환경

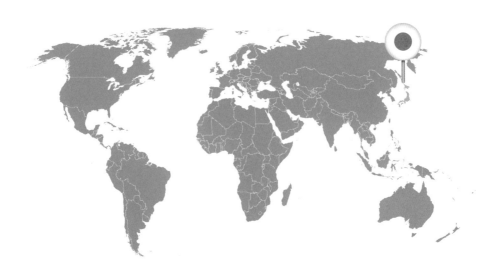

일본은 동아시아 대륙 동쪽에 위치하며, 혼슈(本州), 규슈(九州), 시코쿠(四国), 홋카이도(北海道)의 네 개의 큰 섬과 약 6,800여개의 작은 섬들로 이루어져 있다. 면적은 약 $377,973km^2$로, 한반도의 약 1.7배에 달한다. 국토의 약 73%가 산지로 이루어져 있으며 평야는 비교적 적다.

기후는 주로 온대 기후에 속하지만, 지형이 남북으로 길게 뻗어 있어 지역에 따라 아열대부터 한대까지 다양한 기후가 나타난다. 높은 산맥의 영향으로 태평양 쪽과 동해 쪽은 지역에 따라 평균 기온과 강수량에 차이가 크다. 일본의 사계절에 가장 큰 영향을 주는 것은 계절풍이다. 겨울에는 대륙에서 찬 바람이 불어와 바다 쪽에 많은 눈을 내리게 한다. 여름에는 태평양에서 습한 바람이 불어와 장마전선을 형성하며 많은 비를 내리게 한다.

행정구역

일본의 행정구역은 1개의 도(都)(東京, 도쿄), 1개의 도(道)(北海道, 홋카이도), 2개의 부(府)(京都, 교토, 大阪, 오사카), 43개의 현(県)과 그 아래의 시정촌(市町村)으로 구분된다.

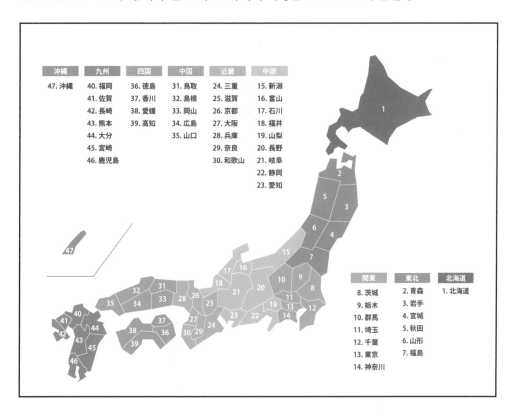

인구

2010년 이전까지 일본의 총인구는 증가했으나 2011년부터 감소 추세를 보이고 있다. 2024년 4월 기준으로 일본의 총인구는 1억 2,409만 명이다. 전체 인구 중 65세 이상 인구는 29.1%, 15세 이하 인구는 11.3%를 차지하고 있다(출처: 일본 총무성 통계국). 일본은 낮은 출산율과 외국인 이민 희망자에 대한 까다로운 기준 적용으로 인해 고령화가 다른 선진국에 비해 빠른 속도로 진행되었다. 이는 노동력 감소와 사회복지 비용 증가 등 여러 사회적, 경제적 문제를 초래하고 있다.

종교

일본은 다수의 종교적 전통이 서로 영향을 주고받으며 공존해 왔기 때문에 종교 생활의 양상이 매우 다양하다. 일본 정부는 종교의 자유를 보장하며 국교를 인정하지 않는다. 주요 종교로는 신도(神道), 불교(仏教), 기독교(基督教)가 있다.

2023년 기준으로 각 종교의 신자 수는 다음과 같다.

신도: 8,412만 명

불교: 7,638만 명

신·구 그리스도교: 452만 명

기타 종교: 1,315만 명

총 신자 수는 약 1억 7천 8백여 명으로, 이는 실제 일본 인구의 약 1.8배에 해당한다(출처: 일본 문화청 정부통계 총합창구). 일본인은 일반적으로 탄생과 결혼 의식은 신도 의식으로 행하며, 장례 의식은 불교 의식을 따른다. 이러한 종교적 관습은 일본인의 생활과 문화에 깊이 뿌리내리고 있다.

정치

일본은 입헌군주제를 채택하고 있으며 정부형태는 내각책임제이다. 행정 수반인 총리는 국회에서 선출된다. 의회는 참의원과 중의원으로 구성되는 양원제를 도입하고 있다. 메이지 시대 이후 일본의 정치는 민주적 정당정치를 지향하고 있으며, 1960년대 후반 이후 다당제를 이루고 있다. 그러나 1955년 이후 대부분의 시기를 보수정당인 자유민주당이 집권해오고 있다.

▲ 일본 국회의사당

수도

대내외적으로 일본의 수도는 도쿄(東京)로 인식되고 있다. 원래 일본의 수도 기능을 하는 '도(都, 미야코)'는 덴노(天皇)의 천도 선언에 따라 덴노가 정치를 하는 곳으로 정해졌다. 794년 간무(桓武) 덴노에 의해 헤이안쿄(平安京, 현재의 교토시 중심)로 천도된 것이 마지막이다.

대일본제국 헌법을 비롯한 구 법령이나 일본국 헌법을 비롯한 현행 법령 중에도 일본의 '도'가 어디인지 명시되어 있지 않다. 다만 1956년 수도권정비법(首都圈整備法)을 비롯한 여러

법 조항에서 '수도권이란 도쿄를 중심으로 한 지역으로 규정한다'고 표현하고 있어 도쿄를 사실상의 수도로 본다.

국기

일본의 국기는 법률상으로는 일장기(日章旗)라고 하며 보통은 히노마루(日の丸)라고 부른다. 국기는 흰색 바탕 가운데에 떠오르는 태양을 상징하는 붉은 원이 있다. 흰색과 붉은색은 일본의 전통 색으로, 흰색은 신성(神聖)과 순결, 붉은색은 박애와 활력을 의미한다.

태양을 그린 깃발은 고대부터 사용되었으며, 에도(江戶) 시대(1603~1867)에 막부(幕府)의 함선에 붉은 원 문양 깃발을 달면서 지금과 같은 형태의 일장기가 확산되었다. 근대에 들어와서는 외국과의 교역에서 국가를 구별하기 위해 일본의 교역선에 붉은 원 깃발을 달았다. 이후 1999년 8월 13일에 공포되어 시행된 '국기 및 국가에 관한 법률'에 따라 공식적으로 일장기가 일본의 국기로 정해졌다.

국가

일본의 국가는 '기미가요(君が代)'이다. 여기에서 '기미'는 일반적으로 일본의 덴노를 의미한다. 1945년 제2차 세계 대전 패전 이후 일본은 공식 국가는 없었으나 기미가요가 사실상 국가로 계속 사용되었다. 이후 1999년에 제정된 '국기 및 국가에 관한 법률'에 의해 법적으로 일본의 국가로 다시 지정되었다.

덴노(天皇)

일본의 군주로, 일본 황실의 대표이자 일본의 상징적인 국가 원수이다. 고대에는 종교적 권위를 가진 덴노 중심의 율령제 국가가 형성되었으나, 특히 에도 시대를 거치며 정치적 영향력을 잃어갔다. 메이지 유신 시기에는 그 전통적인 권위를 배경으로 한 덴노 중심의 근대 국민 국가가 성립하였다. 1889년 공포된 대일본제국헌법은 덴노를 통치권자로 정하고 통치권이 헌법 조항에 근거해 행사되어야 한다고 규정했다. 1930년대에는 권력기구의 하나인 군부가 정치적으로 비대해졌으나 1945년 패전으로 덴노 체제의 권력기구 대부분이 해체되었다. 1947년의 일본국헌법에서는 절대적 군주로서의 권위가 부정되었고 국민 주권 아래 상징적 존재가 되었다. 현재의 덴노는 제126대 나루히토(德仁) 덴노이다.

1과

はじめまして。
キム・シウです。

| 학습내용 | 인사 표현 및 명사의 긍정문

| 기본회화 | はじめまして。キム・シウです。

どうぞ よろしく お願_{ねが}いします。

시우가 새로 만난 일본 자매 대학의 친구들과 인사를 나누고 있습니다.

歩夢　健人さん、こちらは キム・シウさんです。

健人　はじめまして。田中健人です。

　　　どうぞよろしく。

シウ　はじめまして。私は キム・シウです。

　　　こちらこそ、どうぞよろしく お願いします。

健人　シウさんは 何学部ですか。

シウ　経営学部です。田中さんは？

健人　僕も 経営学部で、3年生です。

　　　シウさんは 何年生ですか。

シウ　私は 2年生です。

단어

こちら 이쪽	田中(たなか) 다나카(일본인의 성)	こちらこそ 저야말로	～ですか ～입니까?
～は [wa] ～은/는	どうぞ 아무쪼록	何(なに/なん) 무슨, 몇	～も ～도
～さん ～씨	よろしく 잘, 잘 부탁해요	経営(けいえい) 경영	～で ～이고
～です ～입니다	お願(ねが)いします 부탁합니다	学部(がくぶ) 학부	～年生(ねんせい) ～학년
はじめまして 처음 뵙겠습니다	私(わたし) 나, 저	僕(ぼく) (남자) 나, 저	

31

1 명사 です ~입니다

평서문의 정중체 표현입니다.

예 <ruby>学生<rt>がくせい</rt></ruby>です.   학생입니다.
    <ruby>日本人<rt>にほんじん</rt></ruby>です.   일본인입니다.

2 명사 ですか ~입니까?

의문문의 정중체 표현입니다.

예 <ruby>先生<rt>せんせい</rt></ruby>ですか.   선생님입니까?
    <ruby>1年生<rt>いちねんせい</rt></ruby>ですか.   1학년입니까?

3 인칭대명사

사람을 가리키는 대명사로, 지칭하는 대상에 따라 1인칭, 2인칭, 3인칭으로 나눕니다.

1인칭	2인칭	3인칭	
<ruby>私<rt>わたし</rt></ruby>・<ruby>僕<rt>ぼく</rt></ruby>・<ruby>俺<rt>おれ</rt></ruby>	あなた	<ruby>彼<rt>かれ</rt></ruby> / <ruby>彼女<rt>かのじょ</rt></ruby>	<ruby>誰<rt>だれ</rt></ruby>
나(저)	당신	그 / 그녀	누구

단어

学生(がくせい) 학생   **先生**(せんせい) 선생님
日本人(にほんじん) 일본인   **1年生**(いちねんせい) 1학년

4 조사 ~の ~의, ~인, ∅

명사와 명사를 연결할 때 반드시 조사 「の」를 붙입니다. 소유, 소속, 동격, 분류의 뜻으로 쓰입니다.

① 명사 의 명사: 소유, 소속

　예　私の 友だち　나의 친구

② 명사 인 명사: 동격

　예　日本人の 林さん　일본인(인) 하야시 씨

③ 명사 ∅ 명사: 분류, 한정

　예　日本語の 先生　일본어 선생님

5 조사

① ~は ~은/는

주어, 주제를 나타내고 [wa]로 읽습니다.

　예　私は 2年生です。　나는 2학년입니다.

② ~も ~도

앞에서 언급한 내용과 같은 종류임을 표현합니다.

　예　キムさんも 2年生です。　김 씨도 2학년입니다.

③ ~か ~까

종조사로, 문장 끝에 사용하여 의문문을 만듭니다.

　예　友だちですか。　친구입니까?

단어

友(とも)だち 친구　　　　　**林(はやし)** 하야시(일본인의 성)　　　　**日本語(にほんご)** 일본어

33

1 **はじめまして** 처음 뵙겠습니다.

처음 만났을 때 하는 인사말입니다.

2 **こちらは〜** 이쪽은〜

소개할 때 사용하는 표현입니나.

3 **どうぞ よろしく お願^{ねが}いします。** 아무쪼록 잘 부탁드립니다.

주로 첫 만남 시 사용하는 부탁인사입니다. 축약 표현으로「どうぞ よろしく。(잘 부탁해요.)」도 있습니다.

4 **こちらこそ** 저야말로

직역하면 '이쪽이야말로'이며, 상대가 부탁, 감사, 사과의 인사 등을 했을 때, 오히려 자신이 그런 말을 해야 한다는 것을 나타낼 때 사용합니다.

5 **私^{わたし}・僕^{ぼく}・俺^{おれ}** 나, 저

일본어의 1인칭 대명사는 매우 다양합니다.「私^{わたし}」는 남녀노소 모두가 사용하는 표현으로, 사적인 자리나 공적인 자리, 어떤 상황에서 사용해도 좋습니다.「僕^{ぼく}」와「俺^{おれ}」는 남성들이 사용하는 표현입니다.「僕^{ぼく}」는 비교적 부드럽고 정중한 느낌이며,「私^{わたし}」보다는 조금 덜 정중한 표현입니다.「俺^{おれ}」는 비교적 거친 느낌이며, 젊은 남성들이 가장 많이 사용하는 표현입니다.

6 ～年生 _{ねんせい} ～학년

한국에서는 태어난 연도를 말할 때 '～년생'을 사용하지만, 일본에서는 학년을 말할 때 사용합니다.

1학년	2학년	3학년	4학년	몇 학년
いちねんせい １年生	に ねんせい ２年生	さんねんせい ３年生	よ ねんせい ４年生	なんねんせい 何年生

7 전공분야

언어학	경제학	건축학	농학
げん ご がく 言語学	けいざいがく 経済学	けんちくがく 建築学	のうがく 農学
사학	**경영학**	**물리학**	**수산학**
し がく 史学	けいえいがく 経営学	ぶつ り がく 物理学	すいさんがく 水産学
법학	**심리학**	**화학**	**의학**
ほうがく 法学	しん り がく 心理学	か がく 化学	い がく 医学
정치학	**교육학**	**생물학**	**약학**
せい じ がく 政治学	きょういくがく 教育学	せいぶつがく 生物学	やくがく 薬学
철학	**사회학**	**수학**	**전자공학**
てつがく 哲学	しゃかいがく 社会学	すうがく 数学	でん し こうがく 電子工学
국어국문학	**신문방송학**	**기계공학**	**생명공학**
こく ご こくぶんがく 国語国文学	しんぶんほうそうがく 新聞放送学	き かいこうがく 機械工学	せいめいこうがく 生命工学

▶▶ 연습 노트

1 〈보기〉와 같이 바꾼 후 소리 내어 읽어 보세요.

보기 私・韓国人 ▶ 私は 韓国人です。

① 彼・日本人 ▶ _____

② 彼女・学生 ▶ _____

③ 林さん・1年生 ▶ _____

④ イさん・3年生 ▶ _____

2 〈보기〉와 같이 올바르게 배열하여 문장을 완성한 후 소리 내어 읽어 보세요.

보기 林さん / です / 大学生 / は ▶ 林さんは 大学生です。

① 彼 / 日本人 / も / か / です ▶ _____

② 彼女 / は / 上智大学 / 学生 / の / です ▶ _____

③ も / 林さん / です / 1年生 / か ▶ _____

④ 私 / は / です / 経営学科 ▶ _____

단어

韓国人(かんこくじん) 한국인
イ 이(한국인의 성)

大学生(だいがくせい) 대학생
学科(がっか) 학과

3 │ 아래의 표를 보고 각 사람을 소개해 보세요.

	예 佐藤さん	① 田中さん	② キムさん	③ ワンさん	④ スミスさん
국적	日本	日本	韓国	中国	アメリカ
학교	韓国大学	上智大学	中央大学	東洋大学	ニューヨーク大学
학년	3年生	3年生	2年生	4年生	1年生
전공	物理	数学	日本語	韓国語	日本史

예 佐藤さんは 日本人です。

佐藤さんは 韓国大学の 学生です。

佐藤さんは 3年生です。

佐藤さんは 物理学科です。

▶ ①

②

③

④

단어

佐藤(さとう) 사토(일본인의 성)

大学(だいがく) 대학(교)

物理(ぶつり) 물리

数学(すうがく) 수학

中国(ちゅうごく) 중국

韓国語(かんこくご) 한국어

アメリカ 미국

日本史(にほんし) 일본사

4 친구 3명에게 질문하여 아래의 표를 완성해 보세요.

① 名前<ruby>は</ruby> 何ですか。

② どこから 来ましたか。

③ 専攻は 何ですか。

④ 何年生ですか。

名前	国籍	専攻	~年生

단어

名前(なまえ) 이름   **来**(き)**ましたか** 왔습니까?   **国籍**(こくせき) 국적
どこから 어디에서   **専攻**(せんこう) 전공

5 밑줄 친 부분을 바꿔 자기소개를 해 보세요.

예 はじめまして。キム・シウです。

韓国大学の 学生です。

1年生です。専攻は 経営学です。

どうぞ よろしく お願いします。

나리타 공항에서 학교까지

조치(上智)대학에서 교환 유학을 하게 된 시우와 미나. 인천공항을 출발하여 드디어 도쿄 나리타 공항에 도착! 마중 나온 조치대학의 학생들을 만나 학교까지 같이 가기로 했다.

공항에서 도심까지 가는 방법은 전철이나 버스를 이용하면 된다. 도쿄 도심까지 한 시간이면 충분하다. 게이세이 전철 주식회사의 '게이세이 스카이라이너(京成スカイライナー)', 동일본여객철도(JR東日本)의 '나리타 익스프레스(成田エクスプレス)'와 각

버스 회사가 운영하는 고속버스, 리무진 버스가 있다. 버스는 목적지까지 환승할 필요가 없다는 점이 장점이며, 각 회사마다 경쟁이 치열해서 승차요금이 조금씩 차이가 난다. 그중 '에어포트버스 도쿄 나리타'는 편수가 많아 편리하며 저렴하다.

게이세이 스카이라이너는 20분 정도로 배차시간이 짧아 편리한데, 우에노역(上野駅)까지

40분 정도 걸린다. 나리타 익스프레스는 도쿄역(東京駅)까지 50분이며, 시간대에 따라 정차역이 달라진다. JR쾌속열차인 '에어포트 나리타(エアポート成田)'는 특급열차보다 30분가량 시간이 더 걸리지만 다소 저렴한 편이다.

◀ 게이세이 스카이라이너

    일본은 대중교통 요금이 우리나라에 비해 상대적으로 비싸지만, 다양한 할인제도가 있다는 것도 기억해 두자. 스카이라이너의 경우 HIS에서 투어를 신청한 경우는 '스카이라이너 밸류 티켓프리미엄(スカイライナーバリューチケットプレミアム)'을 구입할 수 있는데, 할인 금액으로 공항까지 이용할 수 있다. 나리타 익스프레스는 JR동일본 인터넷 예약 사이트인 '에키네트(えきねっと)'에서 '도쿠다네(トクだ値)'를 구입하면 35% 할인된 가격으로 승차권을 구입할 수 있다.

▲ 에키네트 사이트

▲ 게이세이 전철 카운터

승차권 구입 방법은 각 노선 창구를 이용하거나 노선별 자동 발매기를 이용하면 된다. 먼저 목적지와 인원수를 입력하면 요금이 표시되는데, 현금, 신용카드 이외에 파스모나 스이카 같은 충전식 교통카드(IC カード)로도 구입할 수 있다.

파스모는 기존의 철도교통카드였던 'passnet'과 'more(もっと)'를 더하여 만든 합성어이며, 스이카는 공식명칭이 'Super Urban Intelligent Card'이지만 'スイスイ 行ける IC カード'의 약자이기도 하다.

교통카드는 첫 구입 시 보증금이 필요한데, 나중에 창구에서 카드를 반환하면 보증금을 돌려받을 수 있다. 단, 잔액이 남아 있으면 수수료가 발생한다. 일본의 교통카드는 승차권으로만 쓸 수 있는 것이 아니라 마트나 편의점에서도 이용할 수 있어 편리하다. 또한 시내에서 지하철을 이용할 때 1일권, 3일권 등 다양한 '메트로 패스'도 있다. 그러므로 짧은 기간 동안 지하철을 이용할 일이 많다면 교통카드보다는 할인권을 구입하는 것이 경제적이다.

조치대학의 주소는 〒102 -
8554 도쿄도(東京都) 지요다구
(千代田区) 기요이초(紀尾井町) 7
-1. 공항에서 학교까지 가려면
스카이라이너를 타고 닛포리역
(日暮里駅)에서 환승하거나 나리
타 익스프레스를 타고 도쿄역에
서 환승을 해야 한다.

▲ 도쿄 메트로 패스

요쓰야 캠퍼스는 3개의 지하철 노선을 이용할 수 있다. JR 주오센(JR中央線)이나 도쿄메트
로의 마루노우치센(丸ノ内線) 또는 난보쿠센(南北線)을 이용하면 되는데, 요쓰야역(四ッ谷駅)의
고지마치구치(麹町口)나 아카사카구치(赤坂口)로 나와 도보 3분이면 도착한다.

▲ 조치대학 요쓰야 캠퍼스 약도
(사진 제공: 조치대학 사이트)

この ロッカーは
<ruby>学生用<rt>がくせいよう</rt></ruby>です。

| 학습내용 | 지시대명사와 명사의 부정문
| 기본회화 | これは <ruby>私<rt>わたし</rt></ruby>の ロッカーじゃありません。

<ruby>歩夢<rt>あゆむ</rt></ruby>さんのです。

겐토가 미나에게 학생용 로커를 소개하고 있습니다.

健人	この ロッカーは 学生用（がくせいよう）です。
	１年間（いちねんかん）無料（むりょう）です。
ミナ	へえ、無料（むりょう）ですか。
健人	ええ。ミナさんの ロッカーは これです。
ミナ	あ、ありがとうございます。
	ええと、あれは 健人（けんと）さんの ロッカーですか。
健人	いいえ、僕（ぼく）の ロッカーじゃありません。
	歩夢（あゆむ）さんのです。
ミナ	あの、健人（けんと）さんと 歩夢（あゆむ）さんは 友（とも）だちですか。
健人	いいえ、友（とも）だちじゃありません。
	歩夢（あゆむ）さんは サークルの 後輩（こうはい）です。

단어

この 이	**ええ** 네	**～と** ～와/과
ロッカー 로커, 사물함	**これ** 이것	**友(とも)だち** 친구
学生用(がくせいよう) 학생용	**ありがとうございます** 감사합니다	**サークル** 서클
～年間(ねんかん) ～년간	**あれ** 저것	**後輩(こうはい)** 후배
無料(むりょう) 무료	**いいえ** 아니요	

▶▶ 문법 노트

1 명사 でした ~였습니다

과거를 표현하는 정중체입니다.

예 休(やす)みでした。　휴일이었습니다.

　　テストでした。　시험이었습니다.

2 명사 ではありません ~이/가 아닙니다
　　じゃありません

부정문의 정중체 표현입니다. 「じゃありません」은 「ではありません」의 축약 표현입니다.

예 先輩(せんぱい)ではありません。　선배가 아닙니다.

　　学生(がくせい)ホールじゃありません。　학생 홀이 아닙니다.

3 명사 ではありませんでした ~이/가 아니었습니다
　　じゃありませんでした

부정문의 과거 정중체입니다.

예 先生(せんせい)ではありませんでした。　선생님이 아니었습니다.

　　授業(じゅぎょう)じゃありませんでした。　수업이 아니었습니다.

단어

休(やす)み 쉼, 휴일　　　　　**先輩(せんぱい)** 선배　　　　　**授業(じゅぎょう)** 수업

テスト 시험　　　　　　　　**学生(がくせい)ホール** 학생 홀

---

4 こ・そ・あ・ど

① 사물 지시대명사

사물을 가리키는 대명사로 화자 근처의 물건에는 「これ」, 청자 근처의 물건에는 「それ」, 화자와 청자 둘 다에게 멀리 떨어져 있는 물건에는 「あれ」를 사용합니다.

이것	그것	저것	어느 것
これ	それ	あれ	どれ

예 これは ロッカーです。 이것은 로커입니다.

② 연체사

반드시 명사에 연결되며, 거리에 따른 지시 체계는 「これ・それ・あれ」와 같습니다.

이	그	저	어느
この	その	あの	どの

예 この 人は 歩夢さんです。 이 사람은 아유무 씨입니다.

5 조사

① ～の ~의 것

「～のもの」의 축약된 형태입니다. 조사와 체언의 혼합된 형태로 준체조사라고 불리기도 합니다.

예 この スマホは 私のじゃありません。 이 스마트폰은 내 것이 아닙니다.

② ～と ~와/과

명사와 명사를 동등하게 연결할 때 사용하는 병렬 조사입니다.

예 ビールと フライドポテト 맥주와 감자튀김

단어

人(ひと) 사람
スマホ 스마트폰

ビール 맥주
フライドポテト 감자튀김

1 へえ 허, 저런

감탄하거나 놀라거나 기가 막힐 때 내는 소리입니다.

2 ええ 네

긍정적인 대답을 나타내는 말로, 5번의 「はい」보다 죠금 덜 정중한 표현입니다.

3 ありがとうございます 감사합니다

감사의 마음을 나타내는 말입니다.

4 ええと 저…

다음에 할 말을 생각할 때 사용하는 표현입니다.

5 はい 네 / いいえ 아니요

상대의 말에 대해 정중하게 대답하는 표현입니다. 긍정으로 대답할 경우는 「はい」로, 부정으로 대답할 때는 「いいえ」를 사용합니다.

6 **あの** 저기…

이야기의 계기를 마련하거나 말이 막혔을 때 사용하는 표현입니다.

7 **숫자**

0	ゼロ / れい		
1	いち		
2	に	200	にひゃく
3	さん	300	さんびゃく
4	し / よん / よ	400	よんひゃく
5	ご	500	ごひゃく
6	ろく	600	ろっぴゃく
7	しち / なな	700	ななひゃく
8	はち	800	はっぴゃく
9	きゅう / く	900	きゅうひゃく
10	じゅう	1,000	せん
20	にじゅう	2,000	にせん
30	さんじゅう	3,000	さんぜん
40	よんじゅう	4,000	よんせん
50	ごじゅう	5,000	ごせん
60	ろくじゅう	6,000	ろくせん
70	ななじゅう	7,000	ななせん
80	はちじゅう	8,000	はっせん
90	きゅうじゅう	9,000	きゅうせん
100	ひゃく	10,000	いちまん

1 다음 그림을 보고 괄호 안에 これ 또는 それ를 넣고 소리 내어 읽어 보세요.

キム

山田（やまだ）

① キム : (　　　　) は 私（わたし）の 本（ほん）です。

② キム : (　　　　) は 山田（やまだ）さんの ノートです。

③ 山田（やまだ） : (　　　　) は キムさんの 眼鏡（めがね）です。

④ 山田（やまだ） : (　　　　) は 私（わたし）の ペンです。

단어

眼鏡（めがね） 안경　　　　　　　ぼうし 모자　　　　　　　　山田（やまだ） 야마다(일본인의 성)

本（ほん） 책　　　　　　　　　　ペン 펜

かばん 가방　　　　　　　　　　ノート 노트

2 〈보기〉와 같이 바꾼 후 소리 내어 읽어 보세요.

보기　山田さんは 先生です。(先輩)

▶　山田さんは 先生じゃありません。先輩です。

① ロッカーは 1年生用です。(3年生用)

▶ _____

② これは 田中さんのです。(私の)

▶ _____

③ 佐藤さんは 私の 友だちです。(私の後輩)

▶ _____

④ この ロッカーは 無料です。(有料)

▶ _____

단어

有料(ゆうりょう) 유료

3 〈보기〉와 같이 올바르게 배열하여 문장을 완성한 후 소리 내어 읽어 보세요.

보기 3年生 / は / 私 / じゃありません ▶ 私は 3年生じゃありません。

① 休み / 昨日 / でした / は ▶ _____

② は / スマホ / じゃありません / それ ▶ _____

③ ロッカー / ですか / の / 田中さん / は / これ ▶ _____

④ 誰 / 人 / は / この / か / です ▶ _____

4 아래 표를 보고 물음에 답하세요.

이름	山田さん	キムさん
학년	大学 2年生	大学 3年生
전공	経営学	数学
거주지	東京	北海道

보기 A: 山田さんは 大学生でしたか。

B: はい、大学生でした。

① A: 山田さんの 専攻は 数学でしたか。

B:

단어

東京(とうきょう) 도쿄(지명)   **北海道**(ほっかいどう) 홋카이도(지명)

② A: キムさんは 先生^{せんせい}でしたか。

　B: _____

③ A: キムさんの 専攻^{せんこう}は 数学^{すうがく}でしたか。

　B: _____

④ A: 山田^{やまだ}さんの 家^{いえ}は 京都^{きょうと}でしたか。

　B: _____

5 | 아래 학생용 로커에 대해 설명해 보세요.

・사용: 経営学部^{けいえいがくぶ}、 1年生^{いちねんせい}

・사용료: 無料^{むりょう}

・사용기간: 1学期^{いちがっき}(4月^{しがつ}~8月^{はちがつ})

예　これは ロッカーです。 1年生用^{いちねんせいよう}です。 無料^{むりょう}です。

▶ _____

_____

단어

家(いえ) 집　　　　　京都(きょうと) 교토(지명)

일본의 음식 문화

시우와 미나는 공항에서 만나 학교까지 안내해 준 조치대학 친구들과 함께 저녁 식사를 하고 이자카야(居酒屋)에 가게 되었다. 조치대학 친구들에게 일본의 음식 문화와 술 문화에 대해 물어보며 즐거운 시간을 보냈다.

일본의 음식 문화는 각지의 풍토와 시대의 변화에 따라 발전하여 현재까지 이어져 오고 있다. 특히 2013년에는 일본인의 전통 음식 문화인 가이세키(会席)가 유네스코 무형문화유산으로 등재되었다.

일본 음식 문화의 특징

첫째, 된장이나 간장, 낫토, 절임 등 발효 식품이 많다. 습도가 높고 발효 미생물과 균이 발효되기 쉬운 조건이 갖춰져 있기 때문이다.

둘째, 일본 음식은 지역마다 특색이 있다. 남북으로 긴 일본은 그 위치에 따라 기후가 달라 농작물이나 잡히는 어패류가 다르기 때문에 지역마다 다른 음식 문화가 발전했다.

셋째, 지역마다 양념이 다르다. 일반적으로 간토(関東) 지방에서는 진한 맛, 간사이(関西) 지방에서는 연한 맛을 선호한다. 맛의 결정적인 역할을 하는 육수도 간토 지역은 가다랑어 육수, 간사이 지역에서는 다시마 국물을 사용한다.

넷째, 주로 계절 식재료를 활용한다. 다른 나라에 비해 계절의 변화가 뚜렷해서 계절에 맞는 제철 식재료를 요리에 사용하며, 식재료뿐만 아니라 요리 장식이나 그릇 등으로도 계절감을 드러낸다.

다섯째, 일본인의 취향에 맞게 재해석 된 다른 나라의 요리가 많다.

일본의 식사 예절

출입구와 반대되는 쪽이 상석이다. 주가 되는 손님이 가장 나중에 앉고 가장 먼저 일어서며, 식사 중에는 되도록 자리를 뜨지 않는 것이 좋다. 밥그릇, 국그릇 등을 번갈아 들고 먹는다. 숟가락은 사용하지 않으며, 국물은 국그릇을 들고 젓가락으로 국그릇 안의 건더기를 누르면서 마신다. 식사 중에는 먹는 소리나 그릇 소리를 내지 않아야 하지만 면(麵)은 후루룩 소리

를 내며 먹는다. 또한 차려진 음식은 되도록 남기지 않는다.

식사 전에는 '이타다키마스(いただきます 잘 먹겠습니다)', 식사 후에는 '고치소사마데시타(ごちそうさまでした 잘 먹었습니다)'라고 인사한다.

일본의 술 문화

일본에서는 쌀과 같은 곡물을 중심으로 술을 만들었으며, 나라(奈良) 시대에 쌀과 누룩을 이용한 양조법이 확립되었다. 그 후 헤이안(平安) 시대까지는 특권 계급이 주로 술을 마셨던 것으로 보인다. 그러나 가마쿠라(鎌倉) 시대 이후 양조 주점이 융성하면서 서민들도 술을 구할 수 있게 되었다.

에도(江戸) 시대에는 현대와 유사한 양조법으로 만들어진 술이 대량 유통되면서 서민들도 일상적으로 술을 즐기게 되었다. 메이지 유신 이후에는 서양의 식문화와 함께 맥주와 와인, 위스키 등 해외 술이 확산되어 다양한 술을 즐기게 되었다.

예로부터 일본에서는 신들에게 바친 술을 모두 함께 마심으로써 신과의 유대를 돈독히 하는 등 술을 신성한 것으로 취급해 왔다. 현대에도 술은 신단에 바치는 공양이나 정화, 의식이나 행사에 사용되어 신과 사람들을 연결하는 역할을 하고 있다.

일본의 음주 문화 가운데 가장 큰 특징은 상대방이 술잔을 비우기 전에 가득 채워주는 첨잔을 하는 점이다. 또한 한국과 달리 술을 마신 후에 오차즈케(お茶漬け) 등으로 식사한다. 맥주는 가장 많이 마시는 술인데, 생맥주의 경우 보통 소·대 사이즈가 400엔에서 900엔 정도이다. 청주는 일본 요리와 잘 어울리며 차게 하거나 따뜻하게 데워서

마신다. 소주는 증류된 화주(火
酒)로 고구마, 밀, 수수 등의 재
료로 만들고, 위스키처럼 물에
희석해서 '미즈와리(水割り)'로
마시거나 뜨거운 물을 섞어 '오
유와리(お湯割り)'로 마신다.

이자카야는 술 종류와 간단
한 요리를 제공하는 일본 음식
점으로 일반 식당과 달리 주로 주류를 제공하는 일본의 대표적인 주점이다. 이자카야는 예전
에 간판 대신 빨간 초롱을 가게 앞에 내걸었던 적이 많아 아카초진(赤提灯)이라고도 부른다.
가게 안에 큰 화로를 설치하고 거기에다 구운 요리를 내는 로바타야키(炉端焼), 주로 닭꼬치를
제공하는 야키토리야(焼鳥屋) 등으로도 부른다.

일본 국세청에 따르면 일본인의 주류 소비량은 1999년도를 정점으로 감소하고 있다. 각
주류의 소비량 추이를 보면 최근 그 구성이 크게 변화하고 있다. 특히 맥주의 소비량이 크게
감소하고 있는데, 맥주보다 저렴한 발포주나 소주에 과즙과 탄산수를 넣은 주하이(酎ハイ), 맥
주와 유사한 주류로 소비가 바뀌고 있는 것이 하나의 요인이다.

あそこに
健人<rt>けんと</rt>さんが
います。

| 학습내용 | 존재 표현과 장소 지시대명사

| 기본회화 | ここは 学生食堂<rt>がくせいしょくどう</rt>です。 学食<rt>がくしょく</rt>マネーは ありますか。

아유무가 미나에게 학생식당을 소개하고 있습니다.

歩夢 ここが 学食(がくしょく)です。

ミナ 人(ひと)が たくさん いますね。

歩夢 ええ、そうですね。あ、あそこに 健人(けんと)さんが います。

ミナ どこですか。

歩夢 カウンターの 前(まえ)です。

　　　　ええと、カウンターは あちらです。

・・・・・・・・・・・・

ミナ あの、今日(きょう)の 日替(ひが)わりメニューは 何(なん)ですか。

歩夢 焼肉丼(やきにくどん)です。ミナさん、学食(がくしょく)マネーは ありますか。

ミナ いいえ、ありません。

歩夢 じゃあ、今日(きょう)は 私(わたし)の おごりです。

단어

ここ 여기	**います** 있습니다(생물)	**あの** 저기…	**学食(がくしょく)マネー**
~が ~이/가	**あそこ** 저기	**今日(きょう)** 오늘	학식머니(학식 결제 어플)
学食(がくしょく) 학식(学生	**~に** ~에	**日替(ひが)わりメニュー**	**ありますか** 있습니까?(무생물)
食堂의 줄임말)	**どこ** 어디	날마다 바뀌는 메뉴	**ありません** 없습니다(무생물)
人(ひと) 사람	**カウンター** 카운터	**焼肉丼(やきにくどん)**	**じゃあ** 그럼
たくさん 많이, 많음	**あちら** 저쪽	불고기덮밥	**おごり** 한턱 냄

59

1 장소 지시대명사

여기	거기	저기	어디
ここ	そこ	あそこ	どこ

예 トイレは あそこです。 화장실은 저기입니다.

2 방향 지시대명사

이쪽	그쪽	저쪽	어느 쪽
こちら	そちら	あちら	どちら

예 教室は あちらです。 교실은 저쪽입니다.

3 존재표현

일본어에서 '있습니다'는 두 가지입니다. 사물, 식물의 존재를 나타낼 때는 「あります」, 동물, 사람의 존재를 나타낼 때는 「います」를 사용합니다.

	사물, 식물	동물, 사람
있습니다	あります	います
없습니다	ありません	いません

단어

トイレ 화장실   教室(きょうしつ) 교실

1 사물/식물 **が あります** ~이/가 있습니다

　　동물/사람 **が います**

　　예　時間(じかん)が あります。　시간이 있습니다.

　　　　桜(さくら)の 木(き)が あります。　벚꽃나무가 있습니다.

　　　　猫(ねこ)が います。　고양이가 있습니다.

　　　　男(おとこ)の 人(ひと)が います。　남자가 있습니다.

2 사물/식물 **は ありません** ~은/는 없습니다

　　동물/사람 **は いません**

　　예　日本語(にほんご)の 本(ほん)は ありません。　일본어 책은 없습니다.

　　　　韓国人(かんこくじん)は いません。　한국인은 없습니다.

---

4 조사

1 ~に ~에

장소명사에 붙는 조사로 존재, 위치를 나타냅니다.

　예　どこに ありますか。　어디에 있습니까?

　　　トイレは 階段(かいだん)の 右(みぎ)に あります。　화장실은 계단 오른쪽에 있습니다.

2 ~が ~이/가

명사에 붙는 조사로 주어를 나타냅니다.

　예　あそこに 佐藤(さとう)さんが います。　저기에 사토 씨가 있습니다.

　　　机(つくえ)の 上(うえ)に 財布(さいふ)が あります。　책상 위에 지갑이 있습니다.

단어

時間(じかん) 시간	**猫**(ねこ) 고양이	**右**(みぎ) 오른쪽	**財布**(さいふ) 지갑
桜(さくら) 벚꽃	**男**(おとこ)**の人**(ひと) 남자	**机**(つくえ) 책상	
木(き) 나무	**階段**(かいだん) 계단	**上**(うえ) 위	

---

1 **〜ね** ~네요, ~군요

문장의 끝에 붙이는 종조사로, 가벼운 감동을 나타내거나 상대에게 동의를 구하거나 다짐할 때 사용하는 표현입니다.

2 **何<small>なん</small>ですか。** 무엇입니까?

무엇인지 분명하지 않은 것에 대해 묻는 말입니다.

3 **学食<small>がくしょく</small>マネー** 학식머니

대학생협 어플로 이용할 수 있는 결제 방법으로, 결제가 간편하며 포인트도 쌓을 수 있습니다.

4 **위치 표현**

위	아래	앞	뒤
上<small>うえ</small>	下<small>した</small>	前<small>まえ</small>	後<small>うし</small>ろ
밖	**안**	**오른쪽**	**왼쪽**
外<small>そと</small>	中<small>なか</small>	右<small>みぎ</small>	左<small>ひだり</small>
옆	**옆, 이웃**		
横<small>よこ</small>	隣<small>となり</small>		

5　조수사

〈사물〉

1개	2개	3개	4개	5개	6개
ひとつ 一つ	ふたつ 二つ	みっつ 三つ	よっつ 四つ	いつつ 五つ	むっつ 六つ

7개	8개	9개	10개	몇 개	
ななつ 七つ	やっつ 八つ	ここのつ 九つ	とお 十	いくつ	

〈사람〉

1명	2명	3명	4명	5명	6명
ひとり 一人	ふたり 二人	さんにん 三人	よにん 四人	ごにん 五人	ろくにん 六人

7명	8명	9명	10명	몇 명	
しちにん 七人	はちにん 八人	くにん きゅうにん 九人	じゅうにん 十人	なんにん 何人	

1 〈보기〉와 같이 적절한 조사를 넣고 あります 또는 います를 선택하여 문장을
완성한 후 소리 내어 읽어 보세요.

보기　あそこ・銀行<ruby>銀行<rt>ぎんこう</rt></ruby>・(あります / います) ▶ あそこに 銀行<ruby>銀行<rt>ぎんこう</rt></ruby>が あります。

① あそこ・山田<ruby>山田<rt>やまだ</rt></ruby>さん・(あります / います)　▶ _____

② 車<ruby>車<rt>くるま</rt></ruby>の 下<ruby>下<rt>した</rt></ruby>・猫<ruby>猫<rt>ねこ</rt></ruby>・(あります / います)　▶ _____

③ 机<ruby>机<rt>つくえ</rt></ruby>の 上<ruby>上<rt>うえ</rt></ruby>・消<ruby>消<rt>けし</rt></ruby>ゴム・(あります / います)　▶ _____

④ 先生<ruby>先生<rt>せんせい</rt></ruby>の 後<ruby>後<rt>うし</rt></ruby>ろ・時計<ruby>時計<rt>とけい</rt></ruby>・(あります / います)　▶ _____

2 〈보기〉와 같이 써 보고 소리 내어 읽어 보세요.

보기　A: 机<ruby>机<rt>つくえ</rt></ruby>の 上<ruby>上<rt>うえ</rt></ruby>に 何<ruby>何<rt>なに</rt></ruby>が ありますか。(カメラ)

　　　　B: カメラが あります。

① A: 椅子<ruby>椅子<rt>いす</rt></ruby>の 下<ruby>下<rt>した</rt></ruby>に 何<ruby>何<rt>なに</rt></ruby>が ありますか。(かばん)

　　　B: _____

단어

銀行(ぎんこう) 은행　　　　　　**時計**(とけい) 시계　　　　　　**椅子**(いす) 의자
車(くるま) 차　　　　　　　　　**何**(なに・なん) 무엇
消(けし)**ゴム** 지우개　　　　　　**カメラ** 카메라

② A: テレビの 上に 何が ありますか。(写真)

B: _____

③ A: かばんの 中に 何が ありますか。(何も)

B: _____

④ A: 教室の 前に 誰が いますか。(田中さん)

B: _____

---

3 〈보기〉와 같이 올바르게 배열하여 문장을 완성한 후 소리 내어 읽어 보세요.

보기　あります / ごみ箱 / が / に / あそこ　▶ あそこに ごみ箱が あります。

① 時計 / に / 窓の 下 / が / あります　▶ _____

② が / います / に / 教室 / 田中さん　▶ _____

③ 椅子の 上 / スマホ / あります / に / が　▶ _____

④ 先生の 隣 / います / が / に / 佐藤さん　▶ _____

단어

テレビ 텔레비전　　　　　**ごみ箱**(ばこ) 쓰레기통　　　　**スマホ** 스마트폰
写真(しゃしん) 사진　　　　**窓**(まど) 창문

4 〈보기〉와 같이 그림을 보고 물음에 답하세요.

보기　A: 電話は どこに ありますか。

　　　B: (電話は) ドアの 右に あります。

① A: かばんは どこに ありますか。

　B: _____

② A: カレンダーは どこに ありますか。

　B: _____

③ A: ごみ箱は どこに ありますか

　B: _____

④ A: 花は どこに ありますか。

　B: _____

단어

電話(でんわ) 전화　　　**カレンダー** 달력
ドア 문　　　　　　　**花**(はな) 꽃

5 그림을 보고 나의 방을 안내해 보세요.

예　ここは 私の 部屋です。部屋に 机と 椅子が あります。ベッドが あります。…

_____

_____

_____

6 다음 중 틀린 문장을 고르세요.

① ここが かばんに あります。

② 部屋に 猫が います。

③ これは スマホは ありません。

④ かばんの 中に 財布は ありません。

─ 단어 ─────────────────────────────

部屋(へや) 방　　　　　**ベッド** 침대

일본의 주거 문화

〰〰〰〰〰〰〰〰〰〰〰

    미나는 기숙사에 들어갔지만 시우는 기숙사를 이용하기 어려워 학교 근처에서 자취방을 구하기로 했다. 일본인 친구들의 도움을 받아 몇 군데 부동산 중개업소를 둘러보았다.

자취방 구하기

    일본과 한국에서 집을 구할 때 크게 다른 점은 초기 비용의 차이이다. 한국과 달리 임차 시 필요한 초기 비용은 보증금인 시키킨(敷金), 사례금인 레이킨(礼金), 월세에 해당하는 야친(家賃)과 부동산 수수료(手数料)이다. 보증금이나 사례금은 보통 월세 1~2개월분이다. 사례금은 집주인인 오야(大家)에게 임대에 대한 감사 의미로 주는데, 별도로 요구하지 않는 집주인도 있다. 보증금은 퇴거 시 집 청소 비용 등을 제외하고 돌려받는다.

    부동산 중개 수수료는 월세의 한 달 분 정도이며, 집에 문제가 생겼을 때는 대부분 부동산을 통해서 해결하므로 실제 임대차 계약 및 거주 시 집주인과 직접 연락을 하는 경우는 거의 없다. 외국인의 경우 신원을 보증해 줄 수 있는 일본인 연대보증인이 필요한데, 보증인을 구하지 못하면 별도로 보증회사를 이용할 수 있다. 단기 체류라면 가구나 가전제품이 완비된 위클리 맨션이나 먼슬리 맨션을 이용하면 편리한데 임대료가 상대적으로 비싼 편이다.

부동산 중개업소를 통해 집을 보러 갈 때 세입자의 퇴거와 청소가 완료된 공실이 대상이라, 우리나라처럼 거주하고 있는 세입자의 양해를 얻어 집을 보는 경우는 없다. 대부분의 부동산 중개업소는 점포 외벽에 소유 물건의 도면인 마도리즈(間取り図)와 월세 등의 정보를 게시하고 있다.

임대 물건의 정보를 보면 '1LDK' '3DK'와 같은 표기를 볼 수 있는데, 맨 앞의 숫자는 방의 개수, L은 리빙룸,

▲ 부동산 중개업소 입구에 붙은 물건 소개

D는 다이닝룸, K는 키친을 뜻한다. 즉 1LDK는 리빙룸, 다이닝룸, 키친 외에 방이 1개, 3DK는 다이닝룸, 키친 외에 방이 3개라는 뜻이다. 또 방이나 거실의 크기는 보통 '첩(帖-일본어로는 '조'라고 읽는다)'이란 한자로 나타내는데, 이는 전통 주거 양식의 바닥 깔개를 나타내는 '다타미(다다미)'를 세는 단위로, 1개의 크기는 90cm×180cm이다. 6첩은 10m²로 약 3평에 해당한다.

일본의 주거 형태

주거의 종류는 아파트, 맨션, 단독주택으로 구분할 수 있다. 아파트란 목조와 경량철골조로 된 2층 이하의 공공주택으로 관리인이나 공용시설이 없고 소음이나 방범에는 취약하나 상대적으로 월세가 저렴한 편이다. 맨션은 3층 이상의 철근 콘크리트로 된 공동주택으로 우리나라의 '나홀로 아파트'처럼 한 개 동으로 구성된 경우가 많다.

▲ 일본의 아파트

우리나라의 고층 주상복합과 유사한 공동주택은 '타워 맨션(タワーマンション)'이라 하는데 일반적으로 20층 이상이다. 지진이 잦은 탓에 고층을 꺼리던 과거와 달리, 1997년 건축기준법 개정과 건축기술의 진보로 타워 맨션은 더욱 고층화하고 있다. 현재 가장 높은 주상복합은 미나토구(港区) 도라노몬(虎ノ門)에 있는 52층의 '도라노몬 힐스 레지던스(虎ノ門ヒルズレジデンス)'이다. 도심의 유명 상업지구인 롯폰기 힐스의 주택시설인 '롯폰기 힐스 레지던스(六本木ヒルズレジデンス)'에 사는 사람들을 가리켜 '힐스족'이라 하기도 했다.

한편, 공동주택이 아닌 단독주택은 잇코다테(一戸建て)라고

▲ 롯폰기 고층 맨션의 모습

한다. 수도권의 주거 형태별 비율은 한국과 일본이 크게 차이나지 않지만, 조사에 따르면 일본인의 단독주택 선호도는 전 세대에서 높은 비율로 나타난다. 결혼하여 가정을 이루면 마당이 있는 이층 단독주택에서 살고 싶다는 중산층의 오래된 로망이 여전히 남아있는 것은 아닐까?

◀ 이층 단독주택

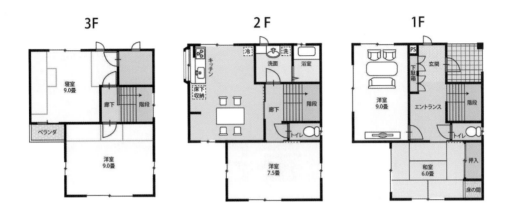

한편 일본의 애니메이션이나 영화를 보면 전통 목조주택이 아닌 맨션에도 전통양식의 방이 있는 것을 자주 볼 수 있다. 바닥에 다다미가 깔린 전통양식의 방을 와시쓰(和室)라 하고 마루로 된 서양식 방은 요시쓰(洋室)로 구별하여 부른다.

무로마치(室町) 시대 선종의 영향을 받은 히가시아마(東山) 문화를 대표하는 건축 양식을 쇼인즈쿠리(書院造)라고 하는데 현대의 주택 건축에도 크게 영향을 끼쳤다. 이전의 헤이안(平安) 시대를 대표하는 귀족 저택의 건축양식인 신덴즈쿠리(寝殿造)와 달리, 접객 공간을 독립시켜 히로마(広間)를 중심으로 구성되었다. 꽃병이나 도자기를 두어 장식공간으로 활용하는 도코노마(床の間)는 다다미방 안쪽에 바닥을 한 단 높게 한 공간으로 벽에는 족자를 걸어 둔다. 그 옆에는 선반인 지가이다나(違い棚)를 두었으며 내부의 다른 공간과 구별하는 맹장지문인 후스마(襖), 내부와 외부를 구분하는 장지문인 아카리쇼지(明障子)를 사용한다. '쇼인즈쿠리'라는 이름은 도코노마 옆에 설치한 선반을 책상처럼 사용한 쓰케쇼인(付書院)에서 유래한다.

4과

<ruby>毎日<rt>まいにち</rt></ruby>
<ruby>忙<rt>いそが</rt></ruby>しいです。

| 학습내용 | い형용사

| 기본회화 | <ruby>毎日<rt>まいにち</rt></ruby> <ruby>忙<rt>いそが</rt></ruby>しいですが、<ruby>今日<rt>きょう</rt></ruby>は <ruby>忙<rt>いそが</rt></ruby>しくありません。

겐토와 미나가 대학 생활에 대해 이야기하고 있습니다.

健人 ミナさん、大学生活(だいがくせいかつ)は どうですか。

ミナ 毎日(まいにち) 忙(いそが)しいですが、とても 楽(たの)しいです。

健人 そうですか。よかったですね。

今日(きょう)も 忙(いそが)しいですか。

ミナ いいえ、今日(きょう)は あまり 忙(いそが)しくありません。

健人 じゃあ、このあと 一緒(いっしょ)に ご飯(はん)でも どうですか。

ミナ いいですね。

近(ちか)くに おいしい 店(みせ)とか ありますか。

健人 ええ、ちょっと 古(ふる)いですが、

おいしくて 安(やす)い ラーメン屋(や)さんが あります。

단어

大学生活(だいがくせいかつ) 대학생활	**とても** 매우	**一緒**(いっしょ)**に** 함께, 같이	**~とか** ~라든가
どうですか 어떻습니까?	**楽**(たの)**しい** 즐겁다	**ご飯**(はん) 밥	**ちょっと** 조금, 약간
毎日(まいにち) 매일	**よかった** 다행이다	**~でも** ~이라도	**古**(ふる)**い** 낡다, 오래되다
忙(いそが)**しい** 바쁘다	**今日**(きょう) 오늘	**近**(ちか)**くに** 가까운 곳, 근처	**安**(やす)**い** 싸다
~が ~만	**あまり** 그다지, 별로	**おいしい** 맛있다	**ラーメン屋**(や)**さん** 라면가게
	このあと 이후	**店**(みせ) 가게	

1 형용사의 특징

① 사물의 성질이나 상태, 속성이나 감정, 감각을 나타내는 품사입니다.

  예 固(かた)い 딱딱하다   嬉(うれ)しい 기쁘다   おいしい 맛있다   痛(いた)い 아프다

     静(しず)かだ 조용하다   有名(ゆうめい)だ 유명하다

② 문장 안에서 주어의 성질이나 상태 등을 서술합니다.

  예 この パンは 固(かた)い。 이 빵은 딱딱하다.

     あの 人(ひと)は 有名(ゆうめい)だ。 저 사람은 유명하다.

③ 주로 명사를 수식하며 때로 「〜く」 형태로 동사를 수식하기도 합니다.

  예 赤(あか)い りんご 빨간 사과

     おいしく 食(た)べる。 맛있게 먹는다.

④ 어미 활용을 합니다.

2 형용사의 종류

① い형용사: 명사를 수식할 때 「-い」 형태를 취하며 기본형도 「-い」 꼴을 취합니다.

  예 犬(いぬ)は かわいい。 개는 귀엽다.

     かわいい 犬(いぬ)です。 귀여운 개입니다.

② な형용사: 명사를 수식할 때 「-な」 형태를 취하며 기본형은 「-だ」 꼴을 취합니다.

  예 山田(やまだ)さんは 静(しず)かだ。 야마다 씨는 조용하다.

     静(しず)かな 人(ひと)です。 조용한 사람입니다.

단어

パン 빵	りんご 사과	かわいい 귀엽다
人(ひと) 사람	食(た)べる 먹다	
赤(あか)い 빨갛다	犬(いぬ) 개	

3 い형용사

い형용사의 예로는 大きい(크다), 多い(많다), 青い(파랗다), 長い(길다), 忙しい(바쁘다), 楽しい (즐겁다), 面白い(재미있다), おいしい(맛있다) 등이 있습니다.

> ● い형용사의 어간과 어미 ●
>
> 마지막 음절「い」만이 어미이고 나머지 앞의 음절은 어간입니다.
>
> 예 おおき　　い　　　크다
>
> 　 いそがし　い　　　바쁘다
>
> 　 (어간)　(어미)

4 い형용사의 활용

기본형 おいしい	정중체	보통체
① 긍정, 현재	おいしいです	おいしい
② 부정, 현재	おいしくありません おいしくないです	おいしくない
③ 긍정, 과거	おいしかったです	おいしかった
④ 부정, 과거	おいしくありませんでした おいしくなかったです	おいしくなかった
⑤ 연체형(명사수식)	おいしい 店 おいしくない 店	
⑥ 연용형(~하고, ~해서)	おいしくて	

① [긍정, 현재] 어간 ＋ い　～하다

　　　　　어간 ＋ いです　～합니다

예　子どもの 部屋は 広い。　아이 방은 넓다.

　　子どもの 部屋は 広いです。　아이 방은 넓습니다.

② [부정, 현재] 어간 ＋ くない　～지 않다

　　　　　어간 ＋ くないです ／ くありません　～지 않습니다

예　私の 部屋は 広くない。　내 방은 넓지 않다.

　　私の 部屋は 広くないです。　내 방은 넓지 않습니다.

③ [긍정, 과거] 어간 ＋ かった　～했다

　　　　　어간 ＋ かったです　～했습니다

예　彼の 部屋は 広かった。　그의 방은 넓었다.

　　彼の 部屋は 広かったです。　그의 방은 넓었습니다.

④ [부정, 과거] 어간 ＋ くなかった　～지 않았다

　　　　　어간 ＋ くなかったです ／ くありませんでした　～지 않았습니다

예　今日は 楽しくなかった。　오늘은 즐겁지 않았다.

　　今日は 楽しくなかったです。　오늘은 즐겁지 않았습니다.

⑤ [연체형] 어간 ＋ い　～한

い형용사는 기본형 그대로 명사를 수식합니다.

예　広い 教室　넓은 교실

　　おいしい りんご　맛있는 사과

비교　この りんごは おいしい。　이 사과는 맛있다.

단어

子(こ)ども 아이, 어린이　　　　広(ひろ)い 넓다　　　　　　楽(たの)しい 즐겁다

6 [연용형] 어간＋くて　〜하고, 〜해서

예　山田(やまだ)さんの 部屋(へや)は 広(ひろ)くて 明(あか)るいです。　야마다 씨의 방은 넓고 밝습니다.

5　**조사**

1 〜が　〜이지만

문장 끝에 붙어서 역접의 뜻을 나타냅니다.

예　忙(いそが)しいですが、とても 楽(たの)しいです。　바쁘지만 매우 즐겁습니다.

2 〜でも　〜라도

명사에 붙어서 그 명사의 범주를 한정하지 않고 선택의 폭을 확장하는 역할을 합니다.

예　お茶(ちゃ)でも どうですか。　차라도 어때요?

3 〜とか　〜든가

그것 말고도 선택 가능한 것이 더 있음을 나타냅니다.

예　おいしい 店(みせ)とか ありますか。　맛있는 가게라든가 있습니까?

단어

明(あか)るい 밝다　　　　　とても 매우
忙(いそが)しい 바쁘다　　　お茶(ちゃ) 차

77

1. **どうですか。**　　어떻습니까?

   의견이나 인상, 감상 등을 물을 때 사용합니다. 또한 권유할 때도 사용합니다.

2. **そうですか。**　　그렇습니까?

   상대의 말에 대답할 때, 흥미나 놀람, 의문, 이해를 나타낼 때 사용합니다.

3. **よかったですね。**　　다행이네요.

   상대에게 좋은 결과가 있을 때, 같이 기뻐하거나 안도하는 마음을 나타낼 때 사용합니다.

4. **いいですね。**　　좋네요.

   권유나 제안에 대해 적극적으로 호의를 나타낼 때 사용합니다.

5. **あまり**　　그다지, 별로

   뒤에 부정문을 수반해서 특별히 내세워서 말할 만큼은 아니라고 할 때 사용합니다.

6 **~さん** ~씨

사람뿐만 아니라 직업, 가게, 단체, 기업, 병원명 등에도 붙여 존중의 의미를 나타낼 때 사용하기도 합니다.

7 **계절**

봄	여름	가을	겨울
<ruby>春<rt>はる</rt></ruby>	<ruby>夏<rt>なつ</rt></ruby>	<ruby>秋<rt>あき</rt></ruby>	<ruby>冬<rt>ふゆ</rt></ruby>

8 **날씨**

맑음	구름	비	눈	바람
<ruby>晴<rt>は</rt></ruby>れ	<ruby>曇<rt>くも</rt></ruby>り	<ruby>雨<rt>あめ</rt></ruby>	<ruby>雪<rt>ゆき</rt></ruby>	<ruby>風<rt>かぜ</rt></ruby>

9 **날씨 표현**

따뜻하다	덥다	선선하다, 쌀쌀하다	춥다
<ruby>暖<rt>あたた</rt></ruby>かい	<ruby>暑<rt>あつ</rt></ruby>い	<ruby>涼<rt>すず</rt></ruby>しい	<ruby>寒<rt>さむ</rt></ruby>い

1 〈보기〉와 같이 문장을 바꾼 후 소리 내어 읽어 보세요.

보기　りんごは おいしいです。　▶ おいしい りんごです。

① この 部屋は 明るいです。　　　▶ _____

② 日本語の 授業は 面白いです。　▶ _____

③ 天気は いいです。　　　　　　　▶ _____

④ この 店は 古いです。　　　　　　▶ _____

2 〈보기〉와 같이 문장을 바꾼 후 소리 내어 읽어 보세요.

보기　楽しい 旅行　　▶ 旅行は 楽しかったです。

① 面白い 映画　　　▶ _____

② 忙しい 昨日　　　▶ _____

③ 暑い 部屋　　　　▶ _____

④ 広くない キャンパス　▶ _____

단어

授業(じゅぎょう) 수업　　　　旅行(りょこう) 여행　　　　暑(あつ)い 덥다
天気(てんき) 날씨　　　　　映画(えいが) 영화　　　　キャンパス 캠퍼스
古(ふる)い 오래되다, 낡다　　昨日(きのう) 어제

③ 〈보기〉와 같이 물음에 답하세요.

보기　A: キムチは 辛(から)いですか。(はい・いいえ)

　　　B1: はい、辛(から)いです。

　　　B2: いいえ、辛(から)くありません。

① A: この 店(みせ)は おいしいですか。

　B1: _____

　B2: _____

② A: ラーメンは 高(たか)いですか。

　B1: _____

　B2: _____

③ A: 今日(きょう)は 忙(いそが)しいですか。

　B1: _____

　B2: _____

④ A: 日本語(にほんご)は 面白(おもしろ)いですか。

　B1: _____

　B2: _____

단어

キムチ 김치	**ラーメン** 라면
辛(から)い 맵다	**高(たか)い** 높다, 비싸다

4 〈보기〉와 같이 물음에 ～て 또는 ～が를 사용하여 답하세요.

보기　A: ラーメン屋_やさんは どうですか。

　　　B1: (おいしい・安_{やす}い) おいしくて 安_{やす}いです。

　　　B2: (おいしい・高_{たか}い) おいしいですが、高_{たか}いです。

① A: 大学生活_{だいがくせいかつ}は どうですか。

　 B: (忙_{いそが}しい・楽_{たの}しい) ＿＿＿＿＿＿＿＿＿＿＿＿＿＿

② A: 部屋_{へ や}は どうですか。

　 B: (広_{ひろ}い・明_{あか}るい) ＿＿＿＿＿＿＿＿＿＿＿＿＿＿

③ A: 日本語_{に ほん ご}は どうですか。

　 B: (難_{むずか}しい・面白_{おもしろ}い) ＿＿＿＿＿＿＿＿＿＿＿＿＿＿

④ A: キムさんは どうですか。

　 B: (明_{あか}るい・面白_{おもしろ}い) ＿＿＿＿＿＿＿＿＿＿＿＿＿＿

단어

安(やす)**い** 싸다, 저렴하다　　　**難**(むずか)**しい** 어렵다

5 아래 단어를 이용하여 나와 관련된 문장을 만들어 보세요.

私 (わたし)	友(とも)だち	日本語 (にほんご)	楽(たの)しい	面白(おもしろ)い	明(あか)るい
部屋 (へや)	ラーメン	キャンパス	広(ひろ)い	高(たか)い	安(やす)い
	人(ひと)		古(ふる)い	新(あたら)しい	おいしい

예 日本語(にほんご)は 面白(おもしろ)いです。友(とも)だちは 明(あか)るい 人(ひと)です。 …

① _____

② _____

③ _____

6 옳은 문장에 ○, 옳지 않은 문장에 ×하세요.

① これは 私(わたし)の 新(あたら)しいの ノートです。(　　　)

② この ラーメンは 辛(から)いです。(　　　)

③ おいしいくて 安(やす)い 店(みせ)です。(　　　)

④ 今日(きょう)は よく 天気(てんき)です。(　　　)

단어

新(あたら)しい 새롭다　　　いい 좋다

일본 문화

일본의 대학 생활

~~~~~~~~~~~~~~~~~~~

　시우와 미나는 유학생을 위한 일본 문화 수업에서 일본의 대학 생활 전반에 관한 내용을 공부했다.

조치대학의 역사

　2023년 창립 110주년을 맞이한 조치대학은 가톨릭 수도회인 예수회가 시작한, 일본에서 가장 오래된 기독교 대학이다. 조치대학의 역사는 일본에 기독교가 전해져 활발하게 포교를 했던 16세기 중반까지 거슬러 올라가게 된다. 영어명은 Sophia University이다. 1549년 8월에 규슈(九州)에 상륙한 예수회 선교사 프란시스코 하비에르(フランシスコ・ザビエル, Francisco de Xavier)는 포교 활동을 하면서 학교를 세우고자 하였으나, 1587년 도요토미 히데요시(豊臣秀吉)의 선교사 추방령(バテレン追放令)을 비롯한 금교령 때문에 불발되었다. 수 세기가 지나 로마 교황청이 예수회를 통해 메이지 덴노(明治

▲ 조치대학
(사진 제공: 조치대학 사이트)

天皇)에게 친서를 보내면서 1913년에 개교하게 되었다.

일본의 대학 입학과 진학률

일본 문부과학성의 발표(『令和 4 年度学校基本調査』)에 따르면, 2022년 5월 1일 기준 대학은 총 807개교가 있으며, 그 가운데 국립 86개교, 공립 101개교, 사립 620개교가 있다. 전체 대학생 수는 293만 1천 명으로 과거 최다 수치이다. 이 밖에도 고등교육기관에 해당하는 학교는 공립 및 사립 단기 대학(309개교), 국립, 공립, 사립 고등전문학교(57개교), 국립, 공립, 사립 전문학교(2721개교)가 있다. 학교 수가 증가한 만큼 대학 진학률 역시 상승하여 과거 최고치인 56.6%를 기록하였다. 단기 대학과 전문학교 등을 포함하면 진학률은 83.8%이며 대학원 진학률은 12.4%로 나타났다.

1) 대학 입시

일본에서 대학 입학을 위한 공통시험은 우리나라의 수학능력시험에 해당하는 '대학입학공통테스트(大学入学共通テスト)'이다. 매년 1월 중순 토요일과 일요일 이틀 동안 전국에서 일제히 실시되는데 시험 과목은 국어, 역사지리, 공민, 수학, 이과, 외국어 등 6교과 30과목으로 구성되며, 대학에 따라 선택 과목이 다르다. 국공립 대학은 대부분 5교과 이상이며 사립대학의 경우는 2~3과목이 일반적이다. 국공립 대학 입시의 약 80%를 차지하는 '일반 선발'은 공통테스트와 개별학력검사에 해당하는 2차 시험으로 이루어진다. 사립대학은 다양한 형태의 입시가 있으며, 2월 초순에서 중순 사이에 집중된다. 사립대학의 90% 이상이 공통테스트를 이용한 입시를 진행한다.

2) 에스컬레이트 방식과 중고일관교(中高一貫校)

일본의 대학 입시와 관련하여 '에스컬레이트 방식'이라는 말이 있다. 일종의 무시험 진학

이라고 할 수 있는데 일본에서는 '내부 진학'이라고도 한다. 중학교에서 고등학교, 고등학교에서 대학교 등 상급 학교로의 진학은 보통 입시를 통해야 하는데, 에스컬레이트 방식은 입학시험 없이 진학하는 것을 가리킨다. 특히 유명 사립대학의 경우는 소학교(우리의 초등학교)뿐 아니라 고교나 대학 부속 유치원에서 대학까지 이어지는 진학 방식이 있는데, 이 경우 유치원에 들어가기 위한 경쟁이 매우 치열하다. 그래서 명문 유치원 입시인 면접을 '오주켄(お受験)'이라고도 하며, 준비 기간은 보통 1년 이상이다.

한편, 중학교에서 입시 없이 같은 고등학교로 진학하는 중고일관교도 있다. 1999년(헤이세이 11년)부터 도입된 중고일관교는 문부과학성이 학교교육법 일부를 개정하였다. 중고교 6년 동안 같은 환경에서 교육 과정을 마침으로써 다양한 중등 교육과 학생의 개성을 존중하는 교육을 지향한다. 대학 부속 학교인 중고일관교의 경우 대부분 에스컬레이트 방식으로 병설 대학으로 진학한다. 이렇게 진학한 대학생을 '나이부세이(内部生)'라고 한다.

일본의 대학 생활

1) 학기의 시작

3월에 시작하는 우리나라나 9월에 시작하는 미국과 달리 일본의 신학기는 4월부터 시작한다. 국가 회계연도와 맞추기 위하여 4월부터 이듬해 3월까지가 1년이 되는 것이다. 일본 외에도 인도, 네팔, 파키스탄 등도 4월 신학기제를 채택하고 있다(출처: 문부과학성 총합교육정책국 조사기획과 「세계의 학교체계」).

회계연도 시작이 4월 1일이 된 것은 1886년(메이지 19년)이다. 메이지 시대부터 연공은 이전에 쌀로 납부하던 것에서 현금의 금납으로 바뀌었다. 가을에 수확한 쌀이 현금으로 납세되어 국가 예산을 편성할 시간적 여유가 필요했기 때문에 회계연도 시작이 4월로 설정된 것이다. 이에 맞춰 서양식 교육제도가 도입될 당시에 9월이었던 신학기도 4월부터 시작하게 되었다. 이즈음 개정된 징병령에서 징병대상자 신고기일 역시 4월 1일로 정해졌는데 이에 따라 사관학교 입학 시기가 4월로 바뀌게 되었다. 인재가 육군으로 쏠릴 것을 염려했던 다른 일반 학교들도 9월이었던 입학 시기를 4월로 변경하게 된 것이다. 벚꽃이 만개하는 계절이기도 한 4월은 일본에서 입학, 입사 등 새로운 시작으로 인식된다.

2) 대학의 방학

여름 방학과 겨울 방학으로 나뉘는 우리나라 대학과 달리 일본의 대학은 세 번의 방학이 있다. 우선 봄 학기가 끝난 뒤 7월 말부터 10월 가을 학기가 시작하기 전까지 한 달 반에서 두 달가량 여름 방학을 맞는다. 대체로 국공립 대학이 사립대학보다 좀 더 길다. 겨울 방학은 12월 하순부터 1월 상순까지, 연말연시와 설날에 맞춰 2주가량 쉰다. 마지막으로 가을 학기가 끝난 뒤 맞이하는 봄 방학은 2월부터 두 달가량이다.

3) 입학식과 졸업식 복장

일반적으로 입학식과 졸업식에는 특별한 날이니만큼 평소와 다른 옷차림을 한다. 4월 입학식에는 대부분 검정색이나 감색 정장을 입는다. 3월 졸업식에서 남성은 일반적으로 정장을, 여성은 전통의상의 하나인 '하카마(袴)'를 많이 입는다. 하카마는 메이지 시대 여학교의 제복이었던 데서 유래한다. 또 하카마 대신 소매가 길고 문양이 화려한 '후리소데(振り袖)'를 입는 경우도 많다.

▲ 하카마와 후리소데

4) 대학 수업 관련 용어

일본의 대학 수업 단위는 '고마(コマ)'로 표현한다. 고마는 영어처럼 들리지만, 희곡이나 연극의 한 단락, 한 장면이란 뜻을 가진 '척(齣)'에서 유래한다. 1강좌(고마)는 90분으로, 정규수업은 대체로 1일 6강좌로 구성되며 학년에 따라 수강 강좌 수에 차이가 있다.

수강 신청을 위해서는 사전에 제공되는 강의계획서인 '실라버스(syllabus, シラバス)'를 보고 각자 시간표를 짜는데, 이를 '리슈토로쿠(履修登録)'라고 한다. 점차 온라인으로 신청하는 학교가 늘고 있으며, 선착순이 아니라서 우리나라 대학처럼 '수강 신청 전쟁'의 풍경은 그다지 보이지 않는다. 특정 과목에서 신청자가 정원수를 넘게 되면 담당 교원이 추첨을 하여 정하는 경우가 많다.

수업이 비는 시간인 공강은 '아키코마(空きコマ)'라고 한다. 수업 시간표는 '지칸와리(時間割り)'라고 하며 하루 종일 수업이 없는 날은 '젠큐(全休)'라고 한다.

수업 시간의 단위인 '교시'는 '겐(限)'이라고 하는데, 예를 들어 '이치겐(一限)'은 1교시를 가리킨다. 수업 때 사용하는 학습 자료 인쇄물(프린트)은 '레지메(レジメ)' 혹은 '레주메(レジュメ)'라고 한다. 강의 시 교수자가 사용하는 PPT는 일반적으로 학생들에게 제공하지 않으며, 별도로 관련 학습 자료를 배포하는 경우가 많다.

학점 취득은 '단위를 따다(単位を取る)'라고 표현한다. 성적은 일반적으로 수(秀), 우(優), 양(良), 가(可), 불가(不可)처럼 한자로 표현하거나 A, B, C, D, F로 나타낸다. 한편 2000년 이후 성적 산출 방법으로는 GPA(Grade Point Average)제도를 도입한 대학이 증가하고 있다.

대학 수업에서 우리나라와 차이가 있는 부분이 바로 '제미(ゼミ)' 제도이다. '제미'는 독일어인 Seminar의 약칭으로, 교원의 지도 하 소수 인원으로 구성된 학생들끼리 연구하고 토론하는 활동을 중심으로 하는 수업을 가리킨다. 빠르면 2학년부터 제미에 참가하여, 각자 관심 있는 분야의 주제를 설정하여 공부한다. '제미'의 구성원들이 1박 2일이나 2박 3일 등 합숙을 하기도 하는데 이를 '제미갓슈쿠(ゼミ合宿)'라고 한다. 제미에서 연구한 내용을 바탕으로 4학

년 때 졸업논문인 '소쓰론(卒論)'을 작성하기도 한다. 아울러, '제미' 수업의 한 형태로 '엔슈(演習)'도 있는데, 교원과 소수 인원의 학생들이 특정 주제를 두고 토론식으로 진행하는 세미나 수업을 가리킨다.

5) 취업과 여가 활동

취업 활동은 보통 3학년부터 시작하는데, 이를 '슈카쓰(就活)'라고 한다. 취업을 위한 면접 복장은 일명 '리쿠르트 수트(リクルートスーツ)'라고 한다. 일본에서 만들어진 영어, '와세이 에이고(和製英語)'이다. 취업 활동 기간에만 입기 때문에 일반 정장보다 저렴하고 수수한 디자인이며, 검은색이나 감색을 많이 사용한다. 일반적으로 취업 활동은 4학년 4월 무렵에 끝나며, 졸업 전에 취업이 내정된다. 한편, 이미 취업이 내정된 학생에게 다른 회사로 가지 못하도록 압박을 가하는 일도 있는데, 이를 '슈카쓰오와레 하라스멘토(就活終われハラスメント)', 줄여서 '오와하라(オワハラ)'라고 한다.

일자리의 질적 수준은 별개로 일본 대학생의 취업률은 매우 높다. 후생노동성이 공표한 2023년 3월 졸업자의 취업상황을 보면, 4년제 대학 졸업자의 취업률은 97.3%이며, 단기대학과 고등전문학교 졸업자를 포함한 취업률은 97.5%에 이른다.

학생들은 수업 이외에 대학 생활을 즐기기 위한 학내 여가 활동을 많이 하는데, '서클(サークル)'과 '부카쓰(部活)'로 구분할 수 있다. '서클'은 우리나라의 동호회에 가깝다. 이에 비해 '부카쓰'는 대회나 콘서트 등을 목표로 연습에 중점을 두는 클럽 활동이다. 이런 여가 활동을 토대로 연 1회 가을 학교 축제가 열리는데, 이를 '가쿠엔사이(学園祭)'라고 한다. 대체로 사나흘 동안 학생이 주체가 된 노점, 벼룩시장, 공연 등으로 구성되며 우리나라 대학처럼 연예인을 초청하는 일은 없다.

5과

とても
きれいで
お洒落^{しゃれ}な
部屋^{へや}ですね。

| 학습내용 | な 형용사

| 기본회화 | お店^{みせ}が 多^{おお}くて 賑^{にぎ}やかで 楽^{たの}しい 雰囲気^{ふんいき}でした。

아유무네 집에서 미나가 아사쿠사에 대해 이야기하고 있습니다.

歩夢 いらっしゃい。中へ どうぞ。

ミナ お邪魔します。

わあ、とても きれいで お洒落な 部屋ですね。

歩夢 いやいや、全然 お洒落じゃありません。

ミナ これ、浅草の お土産です。どうぞ。

歩夢 わあ、きびだんごですね。ありがとうございます。

浅草は どうでしたか。

ミナ お店が 多くて 賑やかで 楽しい 雰囲気でした。

100円の セルフおみくじも 面白かったです。

단어

いらっしゃい 어서 오세요
中(なか) 안
～へ [e] ～으로, 에
どうぞ ～하세요
お邪魔(じゃま)します
　　실례합니다
わあ 와

きれいだ 예쁘다, 깨끗하다
お洒落(しゃれ)だ 세련되다
いやいや 아니아니
全然(ぜんぜん) 전혀
浅草(あさくさ) 아사쿠사
お土産(みやげ) 여행지 선물,
　　방문 선물

きびだんご 기비단고(떡의 일종)
お店(みせ) 가게
多(おお)い 많다
賑(にぎ)やかだ 번화하다, 활기
　　차다
楽(たの)しい 즐겁다
雰囲気(ふんいき) 분위기

円(えん) 엔(일본의 화폐 단위)
セルフ 셀프
おみくじ 신사나 절에서 길흉을
　　점치는 제비
面白(おもしろ)い 재미있다

▶▶ 문법 노트

1 な형용사

な형용사의 예로는 静_{しず}かだ(조용하다), きれいだ(예쁘다, 깨끗하다), 親切_{しんせつ}だ(친절하다), 便利_{べんり}だ (편리하다), 有名_{ゆうめい}だ(유명하다), 丈夫_{じょうぶ}だ(튼튼하다), 上手_{じょうず}だ(능숙하다), 好_すきだ(좋아하다) 등이 있습니다. な형용사는 사전을 찾을 경우, 어미 「だ」를 뺀 어간만으로 단어를 찾아야 합니다.

┌─────────● な형용사의 어간과 어미 ●─────────┐

마지막 음절 「だ」만이 이미이고 나머지 앞의 음절이 어간인 니다.

예 しずか   だ   조용하다
   (어간)   (어미)

└──────────────────────────────┘

2 な형용사의 활용

기본형 静_{しず}かだ	정중체	보통체
① 긍정, 현재	静_{しず}かです	静_{しず}かだ
② 부정, 현재	静_{しず}かではありません 静_{しず}かじゃありません	静_{しず}かではない 静_{しず}かじゃない
③ 긍정, 과거	静_{しず}かでした	静_{しず}かだった
④ 부정, 과거	静_{しず}かではありませんでした 静_{しず}かじゃありませんでした	静_{しず}かではなかった 静_{しず}かじゃなかった
⑤ 연체형(명사수식)	静_{しず}かな 店_{みせ} 静_{しず}かじゃない 店_{みせ}	
⑥ 연용형(~하고, ~해서)	静_{しず}かで	

❶ [긍정, 현재] 어간 + だ ~하다

　　　　　　　　어간 + です ~합니다

　예 教室_{きょうしつ}は 静_{しず}かだ。 교실은 조용하다.
　　 教室_{きょうしつ}は 静_{しず}かです。 교실은 조용합니다.

2 **[부정, 현재]** **어간 + ではない / じゃない** ~하지 않다

　　　　어간 + ではありません / じゃありません ~하지 않습니다

예　今日の 教室は 静かではない。　오늘 교실은 조용하지 않다.

　　今日の 教室は 静かではありません。　오늘 교실은 조용하지 않습니다.

3 **[긍정, 과거]** **어간 + だった** ~했다

　　　　어간 + でした ~했습니다

예　昨日は とても 静かだった。　어제는 매우 조용했다.

　　昨日は とても 静かでした。　어제는 매우 조용했습니다.

4 **[부정, 과거]** **어간 + ではなかった / じゃなかった** ~하지 않았다

　　　　어간 + ではありませんでした / じゃありませんでした ~하지 않았습니다

예　昨日、田中さんは 静かじゃなかった。　어제, 다나카 씨는 조용하지 않았다.

　　昨日、田中さんは 静かじゃありませんでした。　어제, 다나카 씨는 조용하지 않았습니다.

5 **[연체형]** **어간 + な** ~한

예　山田さんは 親切な 人です。　야마다 씨는 친절한 사람입니다.

　　きれいな 店です。　깨끗한 가게입니다.

6 **[연용형]** **어간 + で** ~하고, ~해서

예　部屋は 静かで 明るいです。　방은 조용하고 밝습니다.

　　静かで いいです。　조용해서 좋습니다.

단어

教室(きょうしつ) 교실

93

1 **いらっしゃい。** 어서 오세요.

누가 집 등에 왔을 때 환영하는 마음을 나타낼 때 사용하는 인사말입니다.

2 **どうぞ** 들어오세요, 받으세요, 드세요.

권유할 때 사용하는 말로, 상황이나 손동작에 따라 '들어오세요, 받으세요, 드세요' 등과 같이 다양하게 해석할 수 있습니다.

3 **お邪魔します。** 실례합니다.

다른 사람의 집에 방문할 때 하는 인사말입니다.

4 **わあ** 와

놀랐을 때 무심코 내뱉는 소리입니다.

5 **いやいや** 아니아니

「いや」는 상대의 말을 부정하는 말로, 「いいえ」보다 가벼우며 두 번 반복하는 것으로 강한 부정을 나타냅니다.

6 お〜

「お土産」, 「お店」처럼 명사에 붙어 명사를 예쁘고 품위 있게 말할 때 사용하는 표현으로, 미화어(美化語)라고 합니다.

7 과일・채소

딸기	오렌지	감	키위	수박
いちご	オレンジ	かき	キウイ	すいか
바나나	파인애플	포도	멜론	사과
バナナ	パイナップル	ぶどう	メロン	りんご
토마토	배	샤인머스캣	복숭아	귤
トマト	なし	シャインマスケット	もも	みかん
당근	오이	가지	무	배추
にんじん	きゅうり	なす	だいこん	はくさい
버섯	파	양파	마늘	생강
きのこ	ねぎ	たまねぎ	にんにく	しょうが

1 〈보기〉와 같이 문장을 바꾼 후 소리 내어 읽어 보세요.

보기　この 部屋_{へや}は きれいですね。　▶ きれいな 部屋_{へや}です。

① あの 店_{みせ}は 親切_{しんせつ}ですね。　　　▶

② この 山_{やま}は 有名_{ゆうめい}ですね。　　　▶

③ あの 人_{ひと}は 優_{やさ}しくて 静_{しず}かですね。　▶

④ 田中先生_{たなかせんせい}は 親切_{しんせつ}で 明_{あか}るいですね。▶

2 〈보기〉와 같이 문장을 바꾼 후 소리 내어 읽어 보세요.

보기　公園_{こうえん}は 静_{しず}かです。　　　▶ 公園_{こうえん}は 静_{しず}かでした。

　　公園_{こうえん}は 静_{しず}かじゃありません。　▶ 公園_{こうえん}は 静_{しず}かじゃありませんでした。

① 店_{みせ}の 人_{ひと}は 親切_{しんせつ}です。

▶ _____

② 日曜日_{にちようび}の 学校_{がっこう}は 賑_{にぎ}やかじゃありません。

▶ _____

단어

山(やま) 산　　　　　　　　**公園**(こうえん) 공원　　　　　　　　**学校**(がっこう) 학교

優(やさ)**しい** 상냥하다, 쉽다　　**日曜日**(にちようび) 일요일

③ 部屋は きれいです。
へや

▶ _____

④ 交通は 便利じゃありません。
こうつう　べんり

▶ _____

3 〈보기〉와 같이 물음에 답하세요.

보기　A: 浅草は 賑やかですか。(はい・いいえ)
　　　あさくさ　にぎ

　　　B1: はい、賑やかです。
　　　　　　にぎ

　　　B2: いいえ、賑やかじゃありません。
　　　　　　　　にぎ

① A: 教室は 静かですか。(いいえ)
　　きょうしつ　しず

　B: _____

② A: 食堂は きれいですか。(はい)
　　しょくどう

　B: _____

③ A: この パソコンは 便利ですか。(はい)
　　　　　　　　　　べんり

　B: _____

④ A: 日本語は 上手ですか。(いいえ)
　　にほんご　じょうず

　B: _____

단어

交通(こうつう) 교통　　　　　　**食堂**(しょくどう) 식당　　　　　　**パソコン** 퍼스널 컴퓨터

4 〈보기〉와 같이 물음에 답하세요.

보기 A: 浅草は どうですか。(人が 多い・賑やかだ)

    B: 人が 多くて 賑やかです。

① A: ケータイは どうですか。(画面が 広い・便利だ)

   B: ＿＿＿＿＿＿＿＿＿＿＿＿＿＿＿＿＿＿＿＿＿＿＿＿＿＿＿＿

② A: この レストランは どうですか。(静かだ・きれいだ)

   B: ＿＿＿＿＿＿＿＿＿＿＿＿＿＿＿＿＿＿＿＿＿＿＿＿＿＿＿＿

③ A: 山田さんは どうですか。(真面目だ・面白い)

   B: ＿＿＿＿＿＿＿＿＿＿＿＿＿＿＿＿＿＿＿＿＿＿＿＿＿＿＿＿

④ A: スマホは どうですか。(便利だ・写真が きれいだ)

   B: ＿＿＿＿＿＿＿＿＿＿＿＿＿＿＿＿＿＿＿＿＿＿＿＿＿＿＿＿

단어

画面(がめん) 화면　　　　**レストラン** 레스토랑　　　　**真面目**(まじめ)**だ** 성실하다

5 い형용사와 な형용사를 이용하여 나를 소개해 보세요.

예 私は 明るい 人です。友だちが 多いです。…

_____

_____

_____

6 옳은 문장에 ○, 옳지 않은 문장에 ×하세요.

① 店は 親切では ありません。(   )

② 人が 多いで とても 賑やかです。(   )

③ 山田さんは 静かで 親切の 人です。(   )

④ 昨日 公園は 静かです。(   )

도쿄의 역사적 장소

일본의 수도는 어디일까? 일본인은 물론이고 일본에 관심이 있는 사람이라면 누구나 도쿄(東京)라고 할 것이다. 그러나 도쿄를 일본의 수도라고 정한 법률은 없다. 다만 '수도권정비법' 제2조 제1항이나 '국토형성계획법' 제9조 제1항 제1호에서 "도쿄도(東京都)와 그 주변 현(県)의 구역을 일체로 한 구역"을 '수도권'으로 지칭했을 뿐이다. 이처럼 법적으로 정해지지 않았더라도 누구나 도쿄가 수도라고 떠올릴 만큼 사실상 수도가 된 데에는 그럴 만한 이유와 역사가 있다. 시우와 미나는 도쿄의 역사를 살펴보고 가 볼 만한 사적(史蹟)을 탐방해 보기로 했다.

황거(皇居)

도쿄 중심 지요다구(千代田区)에 위치한 총면적 115만㎡의 규모로 덴노(天皇)의 거소를 말한다.

도쿄가 본격적인 도시로 성장한 것은 도쿠가와 이에야스(德川家康, 1543~1616)가 입성하면서부터이다. 이후 이에야스가 도요토미 가를 멸망시키고 막부의 수장인 쇼군(将軍)이 되면서, 본격적인 '정치 도시'로 발전하게 되었다. 그리하여 18세기 초에는 이미 인구 백만이 넘는 대도시로 성장하였다. 일본사에서 17세기부터 1868년 메이지 유신(明治維新) 이전까지를 일반적으로 에도 시대라고 하는데, 에도는 도쿄의 옛 지명이다.

메이지 신정부는 수도를 어디로 할 것인지 논의를 거듭하여, 메이지 원년인 1868년 에도를 도쿄로 개칭하였다. 이어서 헤이안(平安) 시대부터 교토(京都)에 살던 덴노의 거처를 도쿠가와 쇼군의 거소였던 에도성으로 옮기고, 이를 황거라 선언하였다. 지금도 덴노 일가가 거주하고 있으며, 제한된 구역에서는 정해진 코스에 따라 하루 2회 일반인의 참관도 가능하다. 중앙의 성을 중심으로 해자(垓字)가 성곽 주변을 둘러싸고 있는데, 바깥쪽 해자를 '소토보리(外堀)'라고 한다. 특히 '가이엔(外苑)' 주변 길은 인기 있는 조깅 코스이기도 하다.

일반인이 덴노를 직접 볼 수 있는 때는 연 2회, 새해를 맞이하는 1월 2일 '신넨잇판산가(新年一般参賀)'와 덴노의 생일인 2월 23일이다. 이때는 덴노 가족이 정해진 시간에 궁 베란다에 나와 축하객을 맞이하여 인사를 한다.

아래 사진은 황거 정문에 있는 다리로 안경 모양의 석교인 '세이몬 이시바시(正門石橋)'와 철교인 '세이몬 데쓰바시(正門鉄橋)'가 나란히 있다. 앞뒤로 나란히 있기 때문에 '니주바시(二重橋)'라고 알려졌지만, 사실 '니주바시'는 뒤편의 철교를 가리키는 말이었다. 에도 시대까지만 해도 청동제의 난간 기둥 장식을 한 목조교였지만, 해자가 깊어 교각을 세우기가 어려워 구조물 강화를 위해 도리를 이중으로 한 데서 '니주바시'라고 불렸다.

▼ 황거 정문의 '니주바시'

한편, 황거는 한국사와도 관련이 깊다. 1923년 9월 1일 발생한 관동대지진(일본에서는 '간토다이신사이(関東大震災)'라고 한다) 때 일본인 자경단 등에 의해 수많은 조선인이 학살되자, 의열단(義烈團)은 단원을 파견하여 기관 파괴와 요인 암살을 계획하였다. 이에 상하이 등지에서 독립운동을 하던 의열단원 김지섭(金祉燮, 1884~1928)은 1924년 1월 3일 밀령을 받고 도쿄에 잠입, 제국의회 휴회로 인해 당초의 폭살(爆殺) 계획 대상을 제국의회 요인에서 덴노로 변경하여 니주바시에서 폭탄을 투척하였다. 김 열사는 체포 후 옥중에서 순국하였다. 또 황거의 내측 해자인 '우치보리(内堀)'에 세워진 문으로 '사쿠라다몬(桜田門)' 역시 한국사와 관련이 깊은 장소이다. 1860년 막부의 다이로(大老)였던 이이 나오스케(井伊直弼, 1815~1860)가 암살된 이른바 '사쿠라다몬가이노헨(桜田門外の変)'으로도 유명하다. 1932년 1월 8일 한인애국단(韓人愛國團)의 단원이었던 이봉창(李奉昌, 1900~1932)은 1931년 1월 8일 도쿄 요요기(代々木) 연병장에서 만주국 괴뢰 황제 푸이(溥儀, 1906~1967)와 함께 관병식을 끝내고 경시청 앞을 통과하는 덴노 히로히토(裕仁, 재위 1926~1989) 행렬을 향해 수류탄을 투척하였다. 이를 이른바 '사쿠라다문 의거(일본에서는 '사쿠라다몬 사건'이라 함)'라 한다. 이때 이봉창 의사는 체포되어 사형에 처해졌는데, 이 사건은 중국의 항일운동에도 큰 영향을 끼쳤다.

▲ 센소지의 일주문인 '가미나리몬'

센소지(浅草寺)

도쿄에서 가장 오래된 관음신앙의 성지이다.

도쿄의 유명 관광지인 아사쿠사(浅草). 유유히 흐르는 스미다가와(隅田川) 옆에 유서 깊은 관음사찰 센소지가 있다. '가미나리몬(雷門)'이라 적힌 거대한 붉은 등롱(일본어로는 '조친

(提灯'이라고 한다)이 걸려 있는 일주문(一柱門)은 그 자체로 센소지의 명물이다. 정식 명칭은 '후라이진몬(風雷神門)'인데, 문의 좌우에 풍신과 뇌신을 봉안한 데서 비롯했다.

센소지의 전승에 따르면, 아스카(飛鳥) 시대인 628년 3월 18일, 지금의 스미다가와 강변에 살던 어부 히노쿠마노 하마나리(檜前浜成)・다케나리(竹成) 형제가 고기잡이 그물에 걸린 불상을 건져 올렸다. 그리고 지역의 관리였던 하지노 나카토모(土師中知)에게 불상을 보여주자 곧 성관세음보살상임을 알고 초당을 지어 안치하였다. 이후 그는 출가하여 자택을 절로 고쳐 지어 평생 공양을 하였다고 한다. 이것이 센소지의 시작이다. 관음을 시현(示現)하는 날, 하룻밤에 천 그루의 소나무가 생기고, 사흘이 지나자 하늘에서 가진 용이 솔숲으로 내려왔다는 전승이 있다. 이런 상서로운 조짐이 센소지의 산호(山号)인 '긴류잔(金龍山)'의 유래가 되었다. 또 1945년 3월 도쿄대공습으로 소실된 전당 재건을 계기로 창시된 춤(지마이, 寺舞)인 '긴류노마이(金龍の舞)' 역시 이런 금룡 전설을 바탕으로 한다.

▲ 센소지의 '긴류노마이'

다이카(大化) 원년인 645년에는 여행 중이던 고승 쇼카이쇼닌(勝海上人)이 이곳을 찾아와 관음당을 고치고 있었다. 하지만 어느 날 밤 스님 꿈에 나타난 관음상의 계시에 따라 사람들에게 함부로 관세음보살상을 보이지 않도록 하였고 관음상은 오늘날까지도 감실에 비불(秘仏)로 봉안되고 있다.

그 후 헤이안 시대 초기인 857년, 천태종의 총본산 히에이잔(比叡山) 엔랴쿠지(延暦寺)의 총괄직에 있던 엔닌(円仁, 794~864)이 센소지를 방문하여 비불과 똑같은 형상의 불상을 제작하여 사람들이 참배할 수 있도록 하였다. 이렇게 불당 앞에 별도로 안치하여 참배할 수 있도록 만든 불상을 '오마에다치(御前立)'라고 한다. 이를 계기로 센소지는 성지로 거듭 발전했다.

가마쿠라(鎌倉) 막부를 개창하고 무가정치를 창시한 미나모토노 요리토모(源頼朝, 1147~1199)는 센소지를 여러 차례 방문하여 참배한 기록이 있다. 이후 무로마치(室町) 시대부터 아즈치모모야마(安土桃山) 시대에 걸쳐 센소지는 영험한 사찰로서 이름이 전국에 알려지면서 아시카가 씨(足利氏)를 비롯하여 여러 무장들이 숭경하는 사찰이 되었다. 에도 막부의 초대 장군 도쿠가와 이에야스는 센소지를 막부의 기원소로 지정하여 비호하였는데 그 후 센소지는 에도 문화의 중심으로서 크게 번창하였다. 메이지 유신 이후 센소지의 사령(寺領)은 도쿄부(東京府)의 관할이 되어 구역이 정비되고 공원으로 지정되면서, 영화관과 전망대가 들어서는 등 근대 문화를 선도해 가는 도쿄 굴지의 번화가가 되었다. 오랜 역사 동안 지진과 같은 재해, 태평양전쟁의 전화(戦禍)로 여러 차례 소실과 재건이 반복된 센소지는 '아사쿠사 간논(観音)'이라는 애칭으로 일본인들의 사랑을 받고 있으며, 연간 약 3,000만 명의 국내외 참배객들이 찾는 신앙의 중심지로 자리잡았다.

센소지의 또 다른 명물은 가미나리몬을 지나 본당으로 가는 산문(山門)인 '호조문(宝蔵門)'

▲ 센소지의 '나카미세'

까지 약 250미터의 '산도(参道)'에 늘어선 상점가인 '나카미세도리(仲見世通り)'이다. '나카미세(仲店 · 仲見世)'란 절이나 신사 경내에 있는 상점을 가리킨다. 갖가지 기념품이나 전통 과자를 파는 가게에 관광객으로 시끌벅적한 모습은, 사찰이 대개 깊은 산 속에 위치하여 세속과 명확히 구별된 도량(道場)이라 생각하는 한국인에게는 낯설면서 흥미로운 풍경이다. 나카미세는 17세기 후반에 센소지를 방문하는 참배객이 증가하면서 인근 주민에게 경내 청소를 맡기는 대신 장사를 할 수 있도록 허가를 해준 데서 시작되었다고 한다. 에도 시대에는 절의 '혼보(本坊)'인 '덴보인(伝法院)'에서 산문인 호조몬 부근에는 참배객에게 차나 음료를 팔면서 간이휴게소 역할을 하던 '미즈자야(水茶屋)'가 젊고 예쁜 여성을 내세워 성업을 이루었는데, 스무 곳이 있었다 하여 '니짓켄자야(二十軒茶屋)'라고도 했다.

유시마(湯島) 성당

막부의 학문소가 된 공자묘(孔子廟)이다.

유교는 한중일 삼국에 학문적으로 또 정치적으로 지대한 영향을 미쳤다. 그러나 백제에서 전래한 유교가 본격적으로 발전한 에도 시대까지도 시험에 의한 관료선발제인 과거제도가 없었으므로, 유학자들은 중앙 정계로 진출하기가 어려웠으며, 신도와 불교의 막강한 영향력으로 인하여 유교는 상대적으로 세력이 크게 확대되지 못했다. 그렇지만 이전 시대에 비해 확실히 유교에 대해 관심이 높아졌고, 특히 5대 쇼군 도쿠가와 쓰나요시(德川綱吉, 1646~1709)가 유학 진흥에 크게 힘을 쏟았다. 유시마 성당은 쓰나요시가 겐로쿠(元禄) 3년인 1690년 유시마에 성당을 창건하여 우에노(上野) 시노부가오카(忍ヶ岡)에 있던 린케(林家) 사저의 '센세이덴(先聖殿)'과 가숙(家塾)을 이전시킨 데서 시작되었다.

유시마 성당은 창건 100여 년 뒤인 간세이(寛政) 9년인 1797년 막부 직할 학교인 '쇼헤이자카 가쿠몬조(昌平坂

▲ 유시마 성당의 '다이세이덴(大成殿)'

'学問所)'가 되었다. 이를 '쇼헤이코(昌平黌)'라고도 하는데, 창평은 공자가 태어난 마을 이름을 빌린 것이다. 이곳에서 막부 가신단의 자제 교육이 이루어졌다. 메이지 신정부 수립 이후 정부 소관이 되었으나, 유학파와 국학파의 주도권 분쟁이 격화되어 이윽고 1871년에 문을 닫았다. 그 자리에는 몬부쇼(文部省), 일본 최초의 박물관(도쿄국립박물관의 전신), 도쿄 사범학교(1872), 도쿄 여자사범학교(1874) 등이 세워졌다. 이들 학교는 이후 고등사범학교로 승격되어 현재의 쓰쿠바(筑波)대학과 오차노미즈(お茶の水) 여자대학으로 발전하였다.

1923년 관동대지진으로 대부분 건물이 소실되었으며, 1935년 '시분카이(斯文会)'를 중심으로 철근 콘크리트로 재건하여 오늘에 이른다. 아울러 1975년 중화민국 타이베이 라이온클럽이 기증한 공자 동상은 세계 최대 크기를 자랑한다.

▲ 유시마 성당의 공자상

신주쿠교엔(新宿御苑)

도쿄의 이미지는 대도시인 만큼 고층 빌딩 숲으로 둘러싸인 풍경을 떠올리기 쉽지만, 실제로 가 보면 도쿄 도심 어디에나 공원이 있어 푸름이 가득하다고 느낄 수 있다. 전국 47 '도도후켄(都道府県)' 중에 뒤에서 서너 번째인, 작은 도쿄에 녹지가 풍부한 이유 중 하나는 그 녹지가 대부분 왕실 관련 토지인 탓에 민간 개발 사업이 불가능했기 때문이다. 면적 58.3ha, 주위 3.5km에 이르는 드넓은 대지에 일본 정원과 서양식 정원이 공존하는 정원인 '신주큐교엔'도 그중 한 곳이다('교엔'은 왕실 소유 정원을 가리킨다).

신주쿠교엔의 역사는 도쿠가와 이에야스가 에도에 입성한 1590년으로 거슬러 올라간다. 이에야스는 '후다이(譜代)' 가신(家臣)이던 2대 나이토 기요나리(内藤淸成, 1551~1608)의 공로를 인정하여 그가 말을 타고 달린 만큼 '야시키치(屋敷地)'를 하사하였는데, 그 결과 동쪽으로는 요쓰야(四谷), 서쪽으로는 요요기(代々木), 남쪽으로는 센다가야(千駄ヶ谷), 북쪽으로는 오쿠보(大久保)에 이르렀다고 한다. 당시에도 대규모의 사저(賜邸)였기 때문에 이 일대의 지명이 '나이토마치(内藤町)'라고 불리게 되었다. 신주쿠교엔은 그 일부이다.

이후, 7대 나이토 기요카즈(内藤淸枚, 1645~1714) 때 시나노(信濃)로 영지가 이전되어 다카토한(高遠藩)의 성주가 되었을 때, 간다오가와마치(神田小川町)에 가미야시키(上屋敷)를 하사받아 교엔의 토지는 시모야시키(下屋敷)가 되었다. 이후 나이토 가문의 토지가 지위에 비해 과분하다는 이유로 겐로쿠 11년인 1698년에 막부는 일부를 반납시켜 '마치야(町屋)'와 '슈쿠에키(宿駅)'로 삼았다. 이것이 '고슈카이도(甲州街道)'의 첫 슈쿠에키이며, '나이토 신주쿠(内藤新宿)'로 불리게 되었다. 신주쿠라는 지명은 여기서 유래한다.

메이지 시대가 되면서 '오쿠라쇼(大蔵省)'가 1872년 나이토 가문의 저택지와 주변 땅 17만 8천평(59ha)을 구입하여, 근대적인 농업 진흥을 목적으로 '나이토 신주쿠 시켄조(内藤新宿 試験場)'를 설치하였다. 서구의 기술과 품종을 도입하여 과수 재배, 양잠, 목축 등을 연구하였고, 2년 뒤에는 내무성으로 이관되어 새로운 교육 시설과 수의학, 농학, 농예화학(農芸化学), 농예예과(農芸予科)의 4개 과를 둔 '노지슈가쿠조(農事修学所)'를 설치하였다. 이것이 훗날 도쿄대학 농학부와 도쿄농공대학(東京農工大学) 농학부로 이어졌다. 이후 관상용 식물에 대한 관심도 높아져 '구나이쇼(宮内省)'는 유럽식 궁정 원예를 개발하면서, 국화와 벚꽃 개량에 힘을 쏟았다. 메이지 12년인 1879년에 신주쿠 시켄조의 업무가 '미타이쿠슈조(三田育種場)'로 이전하면서, 신주쿠의 토지가 왕실에 헌납되었고 '쇼쿠모쓰교엔(植物御苑)'으로 이름이 바뀌어 왕실의 농원으로 운영되었다.

메이지 31년인 1898년 농원의 책임자가 된 농학자 후쿠바 하야토(福羽逸人, 1856~1921)는 근대적인 정원으로 수축(修築)을 계획하였다. 메이지 33년인 1900년 파리만국박람회에 원예출품조사원 출장 시, 출품한 국화가 크게 호평을 받았다. 후쿠바는 이때 베르사이유 원예

▲ 1927년 쇼와 덴노의 결혼 축하를 위해 대만이 보낸 '규고료테이(旧御凉亭)'

학교의 교수였던 앙리 마르티네
(Henri Martine, 1867~1936)에게
정원 설계를 의뢰하였다. 5년 뒤
메이지 39년인 1906년 왕실 정
원인 '신주쿠교엔'으로 재탄생한
날, 메이지 덴노가 참석하여 러일
전쟁 승리 축하와 겸하여 화려한
개원식이 행해졌다. 규모와 정원
양식의 특이성에서 일본 정원 사상 최대 사업이었다.

　　그러나 쇼와(昭和) 20년인 1945년 세 번의 도쿄공습으로 대부분 소실되었다. 패전 후에는
새롭게 헌법이 발포되고 1947년 12월 각의(閣議)는 '고쿄가이엔(皇居外苑)', '교토교엔(京都御
苑)'과 함께 신주쿠교엔을 국민 공원으로서 운영방침을 결정하였다. 이에 따라 '국민 공원 신
주쿠교엔'으로 이름을 바꾸어 1949년 5월부터 일반에 공개되었다. 1958년에는 당시로서는
동양 제일의 규모를 자랑하는 돔형의 대형 온실이 완성되었다. 2001년부터는 전국의 국립공
원과 함께 환경성 소관이 되었다.

　　'신주쿠교엔'은 에도 시대의 '다이묘 야시키(大名屋敷)'에서 출발하여 오늘에 이르기까지
각 시대가 요구한 다양한 역할을 해 온 도쿄의 대표적인 역사유산이자, 시민들의 사랑을 받는
'하나미(花見)' 명소이기도 하다.

6과

何時（なんじ）に
お起（お）きますか。

| 학습내용 | 동사

| 기본회화 | 学校（がっこう）まで 電車（でんしゃ）で 1時間（いちじかん）くらい かかります。

겐토와 미나, 아유무가 수업시간에 대해 이야기하고 있습니다.

健人 今日は 1限から 5限まで フルで 授業が あります。

ミナ 1限から 5限までですか。それは 大変ですね。

　　　1限が ある 日は 何時に 起きますか。

健人 ええと、6時に 起きます。

歩夢 6時ですか。早いですね。

　　　家から 学校まで どのくらい かかりますか。

健人 電車で 1時間くらい かかります。

　　　歩夢と ミナさんは？

歩夢 私は 自転車で10分くらいです。

ミナ 私は 歩いて 5分くらいです。

단어

〜限(げん) 〜교시	**大変**(たいへん)**だ** 힘들다,	**〜時**(じ) 〜시	**半**(はん) 반
〜から 〜부터	큰일이다	**早**(はや)**い** 빠르다, 이르다	**〜分**(ふん/ぷん) 〜분
〜まで 〜까지	**ある** 있다	**家**(うち) 집	**〜くらい** 〜정도
フル 풀(full), 가득한	**日**(ひ) 날	**学校**(がっこう) 학교	**自転車**(じてんしゃ) 자전거
〜で 〜로	**何時**(なんじ) 몇 시	**どの くらい** 어느 정도	**歩**(ある)**いて** 걸어서
授業(じゅぎょう) 수업	**〜に** 〜에	**かかる** 걸리다, 들다	
	起(お)**きる** 일어나다	**電車**(でんしゃ) 전철	

1 동사의 종류

일본어 동사는 다양한 う단의 음으로 끝납니다. 활용에 따라 분류하면 3가지로 나뉩니다.

① 5단활용동사(1그룹동사): あ・い・う・え・お단 5단에 걸쳐 활용하는 동사로, 가장 많습니다.

② 1단활용동사(2그룹동사): 활용 시 단의 변화가 없이 어간에 활용어미가 붙습니다.

③ 변격활용동사(3그룹동사): 불규칙 활용을 합니다.

2 동사 ます・ません ~합니다・~하지 않습니다

동사의 정중체로「~ます」는 긍정, 「~ません」은 부정의 뜻을 가집니다.

	기본형/종지형/연체형	~ます ~합니다	~ません ~하지 않습니다
5단동사	会う 만나다	会います	会いません
	行く 가다	行きます	行きません
	泳ぐ 헤엄치다	泳ぎます	泳ぎません
	話す 대화하다	話します	話しません
	待つ 기다리다	待ちます	待ちません
	遊ぶ 놀다	遊びます	遊びません
	読む 읽다	読みます	読みません
	乗る 타다	乗ります	乗りません
1단동사	起きる 일어나다	起きます	起きません
	見る 보다	見ます	見ません
	食べる 먹다	食べます	食べません
	寝る 자다	寝ます	寝ません
변격동사	来る 오다	来ます	来ません
	する 하다	します	しません

① 5단동사(1그룹동사): 어미 う단이 い단으로 바뀌고 「ます」가 붙습니다.

　예　ある ▶ あります
　　　(ru)　　 (ri)

② 1단동사(2그룹동사): 어미 「る」가 빠지고 「ます」가 붙습니다.

　예　みる ▶ みます

③ 변격동사(3그룹동사): 활용에 규칙이 없습니다.

　예　くる ▶ きます
　　　する ▶ します

3 │ 조사

① ～から ～まで　～부터 ～까지

　예　銀行は 9時から 3時までです。　은행은 9시부터 3시까지입니다.

② ～で　여러 개를 하나로 묶어서, ～해서

　예　三つで いくらですか。　세 개에 얼마입니까?
　　　フルで 授業が あります。　풀로 수업이 있습니다.

③ ～で　～으로(도구, 수단)

　예　はしで ご飯を 食べます。　젓가락으로 밥을 먹습니다.
　　　バスで 学校へ 来ます。　버스로 학교에 옵니다.

④ ～に　～에(시간)

　예　3時に 会います。　3시에 만납니다.
　　　7時に 起きます。　7시에 일어납니다.

┌─────┐
│ 단어 │
└─────┘

三(みっ)つ 세 개　　　　　　はし 젓가락
いくら 얼마　　　　　　　　バス 버스

1 **〜限** 〜교시

수업을 세는 단위인 「〜時限」의 줄임말로, 회화체입니다.

2 **시간**

〈시〉

1시	2시	3시	4시	5시	6시
いちじ 1時	にじ 2時	さんじ 3時	よじ 4時	ごじ 5時	ろくじ 6時
7시	8시	9시	10시	11시	12시
しちじ 7時	はちじ 8時	くじ 9時	じゅうじ 10時	じゅういちじ 11時	じゅうにじ 12時

〈분〉

1분	2분	3분	4분	5분
いっぷん 1分	にふん 2分	さんぷん 3分	よんぷん 4分	ごふん 5分
6분	7분	8분	9분	10분
ろっぷん 6分	ななふん 7分	はっぷん 8分	きゅうふん 9分	じゅっぷん 10分
20분	30분・반	40분	50분	60분
にじゅっぷん 20分	さんじゅっぷん 30分・半	よんじゅっぷん 40分	ごじゅっぷん 50分	ろくじゅっぷん 60分

〈초〉

1초	2초	3초	4초	5초
いちびょう 1秒	にびょう 2秒	さんびょう 3秒	よんびょう 4秒	ごびょう 5秒
6초	7초	8초	9초	10초
ろくびょう 6秒	ななびょう 7秒	はちびょう 8秒	きゅうびょう 9秒	じゅうびょう 10秒

〈요일〉

월요일	화요일	수요일	목요일
げつようび 月曜日	かようび 火曜日	すいようび 水曜日	もくようび 木曜日
금요일	토요일	일요일	무슨 요일
きんようび 金曜日	どようび 土曜日	にちようび 日曜日	なんようび 何曜日

3 大変(たいへん)ですね。　힘들겠네요, 큰일이네요.

상대방을 위로하는 표현입니다.

4 どのくらい　어느 정도

정도를 묻는 표현입니다.

1 〈보기〉와 같이 물음에 답하세요.

보기　A: 何時に 行きますか。(9時)

　　　B: 9時に 行きます。

① A: 何時に 起きますか。(6時)

　　B:

② A: 何時に 寝ますか。(12時)

　　B:

③ A: 何時に 来ますか。(5時)

　　B:

④ A: 何時に 始まりますか。(4時)

　　B:

2 〈보기〉와 같이 물음에 답하세요.

보기　A: 授業は 何時から 何時までですか。(9時 〜 4時)

　　　B: 9時から 4時までです。

―― **단어** ――――――――――――――――――――――――――――――――

始(はじ)まる 시작되다

① A: 昼休みは 何時から 何時までですか。(12時 〜 13 時)

B: _____

② A: 図書館は 何時から 何時までですか。(8時 〜 18 時)

B: _____

③ A: 銀行は 何時から 何時までですか。(9時 〜 15 時)

B: _____

④ A: コンビニは 何時から 何時までですか。(0時 〜 24 時)

B: _____

3 〈보기〉와 같이 바꾼 후 소리 내어 읽어 보세요.

보기　6時に 起きる。　▶ 6時に 起きます。

① 歩いて 10分くらい かかる。　▶ _____

② 今日は 1限から 授業が ある。　▶ _____

③ 学校は 8時に 行く。　▶ _____

④ 午前1時に 寝る。　▶ _____

단어

昼休(ひるやす)み 점심시간　　　　**コンビニ** 편의점

図書館(としょかん) 도서관　　　　**午前(ごぜん)** 오전

117

4 **아래의 표를 보고 물음에 답하세요.**

	キム	<ruby>山田<rt>やまだ</rt></ruby>	ワン
통학시간	<ruby>1時間<rt>いちじかん</rt></ruby>	<ruby>20分<rt>にじゅっぷん</rt></ruby>	<ruby>1時間30分<rt>いちじかんさんじゅっぷん</rt></ruby>
교통수단	バス	<ruby>自転車<rt>じてんしゃ</rt></ruby>	<ruby>電車<rt>でんしゃ</rt></ruby>
기상시간	<ruby>8時<rt>はちじ</rt></ruby>	<ruby>9時<rt>くじ</rt></ruby>	<ruby>7時40分<rt>しちじよんじゅっぷん</rt></ruby>
취침시간	<ruby>12時<rt>じゅうにじ</rt></ruby>	<ruby>午前1時<rt>ごぜんいちじ</rt></ruby>	<ruby>11時<rt>じゅういちじ</rt></ruby>

① キムさんは <ruby>家<rt>いえ</rt></ruby>から <ruby>学校<rt>がっこう</rt></ruby>まで どのくらい かかりますか。

▶ _____

② <ruby>山田<rt>やまだ</rt></ruby>さんは <ruby>学校<rt>がっこう</rt></ruby>までは <ruby>何<rt>なに</rt></ruby>で <ruby>来<rt>き</rt></ruby>ますか。

▶ _____

③ ワンさんは <ruby>何時<rt>なんじ</rt></ruby>に <ruby>起<rt>お</rt></ruby>きますか。

▶ _____

④ キムさんは ふつう <ruby>何時<rt>なんじ</rt></ruby>に <ruby>寝<rt>ね</rt></ruby>ますか。

▶ _____

단어

ワン 왕(성씨)   ふつう 보통

5 나의 평일 일과를 말해 보세요.

私は 7時に 起きます。…

_____

_____

_____

6 다음 중 올바르게 쓰인 문장을 고르세요.

① 銀行は 9時まで 4時からです。

② はしで 食べます。

③ 午後 3時に 起ます。

④ 歩いて 10分くらい かかります。

도쿄 시내 관광(1)

일본 도쿄에 온 지 한 달이 지난 시우, 미나는 골든 위크(4월 말에서 5월 초에 걸친 연휴 기간)에 겐토, 아유무와 함께 아키하바라(秋葉原), 시부야(渋谷), 신주쿠(新宿) 등 도쿄 시내 관광을 하기로 했다.

아키하바라

아키하바라는 도쿄 중심에 위치한 일본의 전자상거리로 오타쿠(オタク) 문화와 전자 제품 쇼핑의 중심지이자 전 세계의 관광객들이 일본의 독특한 문화와 엔터테인먼트 산업을 경험할 수 있는 곳으로 알려져 있다.

제2차 세계대전 후 아키하바라에는 전기 부품 노점상들이 모이는 암시장이 있었다. 1940년대와 1950년대에는 라디오와 전자 기기 등을 판매하는 상점들이 점차 집중되기 시작했다. 70~80년대까지 세계에서 가장 유명한 전자 제품 거리 가운데 하나였고,

1980년대 후반부터 1990년대 초반까지는 오타쿠 문화의 중심지로 성장했다. 애니메이션, 만화, 비디오 게임, 피규어 등과 같은 일본의 팝 컬처와 관련된 상점들이 들어섰고, 이를 타깃으로 한 특정 소비자 시장이 형성되었다.

한편, 아키하바라는 인기 아이돌이나 애니메이션 캐릭터 등의 코스튬에 몸을 감싼 '코스튬 플레이어'의 성지로도 불린다. 아키하바라로 가려면 JR 아키하바라역, 지하철 히비야센(日比谷線) 아키하바라역에서 하차하면 된다.

시부야

시부야는 도쿄의 23개 구 중 하나로, 도쿄의 주요 관광지 및 상업 지역 가운데 하나이다. 현대적인 도심 지역으로 유명하며, 특히 젊은 세대에게 인기가 많은 곳이다. 20세기 초반까지는 주로 전통적인 농촌 지역으로 인식되었으나 20세기 중반부터 도쿄의 도심화와 함께 개발되기 시작했다. 1920년대부터 1930년대까지는 상점과 건물이 들어섰고, 상업과 엔터테인먼트의 중심지로 발전했다. 1960년대와 1970년대에 젊은이들의 문화와 서브컬처의 중심지로 성장하면서 록 음악, 패션, 아트, 클럽 문화 등 다양한 문화가 이 지역에서 형성되었다.

시부야의 중심부에 위치한 미야시타(宮下) 공원은 1945년의 도쿄 대공습 때 중요한 표적이 되었다. 이 지역은 전쟁 후 재건되었고, 현재는 시부야 크로스워크와 함께 주요한 명소로 알려져 있다.

시부야 크로스워크는 세계에서 가장 번화한 보행 신호 교차로 중 하나로 알려져 있으며, 보행객들이 여러 방향으로 교차하면서

대형 스크린과 광고들을 감상할 수 있다.

시부야에는 충견 하치코(ハチ公)의 동상이 있다. 갑자기 죽음을 맞이한 주인을 시부야역에서 10년 넘게 기다렸다고 전해지는 하치코의 일화는 많은 사람들에게 사랑을 받았고, 1934년 JR 시부야역 앞에 하치코의 동상이 세워진 이후 많은 사람들이 만남의 장소로 이용하고 있다.

한편, 시부야에는 유명한 명소인 메이지진구(明治神宮)도 위치해 있다. 메이지진구는 도쿄에서 가장 유명한 신사 중 하나로, 일본의 전통과 종교적인 분위기를 느낄 수 있다.

▲ 시부야역 앞의 하치코 동상

현재 시부야는 상점, 백화점, 음식점, 클럽, 카페, 영화관 등 다양한 문화와 엔터테인먼트 시설들로 가득 차 있다. 특히 젊은 세대들에게 인기 있는 패션과 음악 관련 상점들이 많이 있어, 일본의 대표적인 패션과 유행의 중심지로 알려져 있다.

시부야까지는 JR선 외에도 게이오 이노카시라센(井の頭線), 도큐(東急) 도요코센(東横線), 도큐 덴엔토시센(田園都市線), 도쿄메트로 긴자센(銀座線), 한조몬센(半蔵門線) 및 후쿠토신센(副都心線)으로 갈 수 있다. 시부야역에서 아오야마(青山), 오모테산도(表参道), 하라주쿠(原宿) 지역까지는 도보로 약 20분, 다이칸야마(代官山) 지역까지는 약 15분 정도 소요된다.

신주쿠

신주쿠는 도쿄의 23개 구 중 하나로 일본에서 가장 번화한 지역이며 상업, 엔터테인먼트 및 관광 명소로 유명하다. 특히 신주쿠역은 세계에서 가장 혼잡한 역 가운데 하나로 알려져 있으며, 다양한 지하철 노선과 JR 기차 노선이 교차하는 교통 허브 역할을 한다.

신주쿠는 높은 건물과 현대적인 도시 경관으로 유명하다. 특히, 가부키초(歌舞伎町)라는 도쿄에서 가장 넓은 유흥가가 있다. 여기에는 클럽, 호스트 클럽, 호텔, 레스토랑, 상점 등 다양한 엔터테인먼트 시설이 있다. 또한 신주쿠에는 다양한 쇼핑 명소가 있다. 오모이데요코초(思い出横丁)는 작은 음식점과 바가 밀집된 뒷골목으로, 일본의 전통적인 분위기를 느낄 수 있다.

신주쿠에 있는 도쿄도청사(東京都庁舎)는 지상 48층, 243m의 초고층 빌딩으로 무료로 개방된 전망대에서는 후지산도 볼 수 있다. 또한 신주쿠에는 자연과 문화적인 명소도 있다. 신주쿠 주오코엔(新宿中央公園)은 넓은 녹지에 아름다운 정원으로 유명하며, 사계절에 따라 다양한 꽃과 나무를 감상할 수 있다. 그 외에 도쿄 도서관(Tokyo Metropolitan Library)등 다양한 문화 시설도 있다.

도쿄도청사 ▶

昨日(きのう)は 何(なに)を しましたか。

| 학습내용 | 동사 과거

| 기본회화 | 昨日(きのう) 新大久保(しんおおくぼ)で 韓国料理(かんこくりょうり)を 食(た)べました。

시우와 겐토가 어제 한 일에 대해 이야기하고 있습니다.

シウ 健人さん、昨日は 何を しましたか。

健人 ゼミの 反省会に 行きました。

反省会の あと、打ち上げで ボーリングに 行きました。

シウ そうですか。歩夢さんも 行きましたか。

健人 いいえ、歩夢さんは 来ませんでした。

シウさんは 昨日 何を しましたか。

シウ 私は ミナさんと 新大久保で 韓国料理を 食べました。

健人さんも 今度 一緒に どうですか。

健人 いいですね。ぜひ！

단어

昨日(きのう) 어제	**あと** 후	**来**(く)**る** 오다	**食**(た)**べる** 먹다
何(なに) 무엇	**打**(う)**ち上**(あ)**げ** 뒤풀이	**新大久保**(しんおおくぼ)	**今度**(こんど) 이번, 다음 번
する 하다	**~で** ~로, ~에서	신오쿠보(지역명)	**一緒**(いっしょ) 함께, 같이
ゼミ 세미나 형식의 수업	**ボーリング** 볼링	**韓国料理**(かんこくりょうり)	**ぜひ** 꼭
反省会(はんせいかい) 성찰회	**行**(い)**く** 가다	한국요리	

▶▶ 문법 노트

1 동사 ました・ませんでした ~했습니다・~하지 않았습니다

「ます・ません・ました・ませんでした」가 ます형에 붙습니다. 「~ました」는 긍정의 과거,
「~ませんでした」는 부정의 과거를 나타냅니다.

	기본형	ます형	~ました ~했습니다	~ませんでした ~하지 않았습니다
5단동사	会う 만나다	会い	会いました	会いませんでした
	行く 가다	行き	行きました	行きませんでした
	泳ぐ 헤엄치다	泳ぎ	泳ぎました	泳ぎませんでした
	話す 대화하다	話し	話しました	話しませんでした
	待つ 기다리다	待ち	待ちました	待ちませんでした
	遊ぶ 놀다	遊び	遊びました	遊びませんでした
	読む 읽다	読み	読みました	読みませんでした
	乗る 타다	乗り	乗りました	乗りませんでした
1단동사	起きる 일어나다	起き	起きました	起きませんでした
	見る 보다	見	見ました	見ませんでした
	食べる 먹다	食べ	食べました	食べませんでした
	寝る 자다	寝	寝ました	寝ませんでした
변격동사	来る 오다	来	来ました	来ませんでした
	する 하다	し	しました	しませんでした

예　昨日 ボーリング場に 行きました。　어제 볼링장에 갔습니다.
　　学校へは 行きませんでした。　학교에는 가지 않았습니다.

단어

ボーリング場(じょう) 볼링장

126

2 조사

1 동작성명사 に 行く ~하러 간다

가는 행위의 목적을 나타냅니다.

> 예   運動に 行きます。　운동하러 갑니다.
>
> テニスに 行きます。　테니스 치러 갑니다.

2 장소명사 に 行く ~에 간다

목적지를 나타냅니다.

> 예   図書館に 行きます。　도서관에 갑니다.
>
> 運動会に 行きます。　운동회에 갑니다.

3 ~で ~로

이유를 나타냅니다.

> 예   風邪で 休みました。　감기로 쉬었습니다.

4 ~を ~을/를

목적어를 나타냅니다.

> 예   映画を 見ます。　영화를 봅니다.
>
> ご飯を 食べます。　밥을 먹습니다.

단어

運動(うんどう) 운동   **運動会**(うんどうかい) 운동회

テニス 테니스   **風邪**(かぜ) 감기

---

1 **ゼミ**   세미나 형식의 수업

「ゼミナール」의 줄임말로, 대학에서 교수 지도 아래 소수의 학생들이 특정 테마에 대해 공동으로
연구하고 토론하는 것을 말합니다.

2 **反省会**   성찰회(평가회)
　はんせいかい

업무나 행사 등이 끝난 후에, 그 내용에 대해 성찰하고 평가하는 모임을 말합니다.

3 **ぜひ**   꼭

마음을 담아서 강하게 바란다는 것을 나타낼 때 사용하는 말입니다.

4 **기본 연습 동사**

만나다	쓰다	이야기하다	기다리다	놀다
会う	書く	話す	待つ	遊ぶ
읽다	돌아가다/오다	먹다	오다	(공부) 하다
読む	帰る	食べる	来る	(勉強) する
마시다	일어나다	자다	타다	걷다
飲む	起きる	寝る	乗る	歩く

5 일본 요리

초밥	가라아게	돈가스	우동	튀김
寿司 （すし）	唐揚げ （から あ）	とんかつ	うどん	天ぷら （てん）
회	**스키야키**	**야키니쿠**	**감자조림**	**라멘**
刺身 （さし み）	すき焼き （や）	焼肉 （やきにく）	肉じゃが （にく）	ラーメン

6 한국 요리

전	비빔밥	순두부찌개	잡채	김치찌개
チヂミ	ピビンパ	スンドゥブチゲ	チャプチェ	キムチチゲ
삼계탕	**삼겹살**	**불고기**	**떡볶이**	**김밥**
サムゲタン	サムギョプサル	プルゴギ	トッポギ	キンパ

1 〈보기〉와 같이 조사를 골라 넣어 문장을 완성한 후 소리 내어 읽어 보세요.

조사 **を に で と**

보기　友_{とも}だち・ご飯_{はん}・食_たべます

▶ 友_{とも}だちと ご飯_{はん}を 食_たべました。

① 図書館_{としょかん}・本_{ほん}・読_よみます

▶ _____

② 友_{とも}だち・新大久保_{しんおおくぼ}・行_いきます

▶ _____

③ 新大久保_{しんおおくぼ}・韓国料理_{かんこくりょうり}・食_たべます

▶ _____

④ 昨日_{きのう}・風邪_{かぜ}・休_{やす}みます

▶ _____

2 〈보기〉와 같이 바꿔 묻고 답해 보세요.

보기 本・読む

A: よく 本を 読みますか。

B: いいえ、あまり 読みません。

① 料理・する

A:

B:

② 旅行・行く

A:

B:

③ 図書館・行く

A:

B:

④ ビール・飲む

A:

B:

단어

よく 잘, 자주　　　　　　飲(の)む 마시다

3 〈보기〉와 같이 물음에 답하세요.

보기　A: 昨日 何を しましたか。(映画を 見る)

　　　B: 映画を 見ました。

① A: 昨日 何を しましたか。(山に 登る)

　B: _____

② A: 昨日 何を しましたか。(買い物を する)

　B: _____

③ A: 昨日 何を しましたか。(料理を する)

　B: _____

④ A: 昨日 何を しましたか。(友だちと お茶を 飲む)

　B: _____

4 아래의 표를 보고 묻고 답해 보세요.

	예	①	②	③
장소	大阪	公園	ジム	デパート
목적	旅行	散歩	ボーリング	買い物

단어

登(のぼ)る 오르다　　**大阪(おおさか)** 오사카　　**ジム** 체육관
買(か)い物(もの) 장보기, 쇼핑　　**散歩(さんぽ)** 산책　　**デパート** 백화점

예　A: 休_{やす}みに どこかへ 行_いきましたか。

　　B: はい、大阪_{おおさか}へ 行_いきました。

　　A: そうですか。何_{なに}を しましたか。

　　B: 旅行_{りょこう}を しました。/ 旅行_{りょこう}に 行_いきました。

5 　어떤 날을 주제로 이야기해 보세요.

예　今日_{きょう}は 誕生日_{たんじょうび}です。いい 天気_{てんき}です。友_{とも}だちに 会_あいます。…

6 　옳은 문장에 ○, 옳지 않은 문장에 ×하세요.

① ゼミの 反省会_{はんせいかい}で 行_いきました。(　　　)

② 明日_{あした} 何_{なに}を しましたか。(　　　)

③ 打_うち上_あげで ボーリングを 行_いきました。(　　　)

④ 今日_{きょう}は とても 忙_{いそ}しいます。(　　　)

도쿄 시내 관광(2)

~~~~~~~~~~~~~~~~~~~~~~~~~~~~~

시우, 미나는 주말을 이용하여 겐토, 아유무와 함께 도쿄의 상징인 도쿄 타워와 스카이트리, 문화와 예술을 즐길 수 있는 우에노 등 도쿄 시내 관광을 하기로 했다.

도쿄 타워(東京タワー)

도쿄 타워는 일본 도쿄의 랜드마크로, 도쿄의 대표적인 관광 명소 중 하나이다. 프랑스의 에펠탑을 모티브로 디자인되었으며, 높이 333m로 일본에서 두 번째로 높은 구조물이다.

도쿄 타워는 1958년부터 1959년까지 건설되었다. 당시 일본은 경제적으로 급속한 성장을 이루고 있었고, 도쿄의 통신 인프라를 개선하기 위해 높은 TV 타워가 필요했다. 도쿄 타워는 건설된 이후 주로 전파와 통신을 위해 사용되는 TV 타워로

서의 역할을 하고 있으며 라디오, 휴대전화 및 무선 통신 등의 전파를 송수신하는 중요한 시설로도 사용된다. 또한 도시 전망을 제공하는 전망대는 많은 관광객들이 찾는 명소가 되었으며, 매년 많은 방문객들이 도쿄 타워를 방문한다. 도쿄 타워에는 두 개의 관람 데크가 있다. 메인 데크는 높이 150m에 위치하고 있으며, 도시의 아름다운 경치를 감상할 수 있는 창문과 전망대가 마련되어 있다. 상층 데크는 높이 250m에 위치하고 있으며, 파노라마 같은 도쿄의 전망을 볼 수 있다. 맑은 날에는 후지산도 보인다.

도쿄 스카이트리(東京スカイツリー)

도쿄 스카이트리의 높이는 프로젝트 초창기부터 약 610m로 정해져 있었으나 당시 세계 각지에서 고층 건물이 잇달아 계획, 건설되어 자립식 전파탑 중에서 세계 최고의 높이를 달성하기 위해 검토를 거듭한 끝에 634m로 최종 결정되었다. 그 결과, 높이 634m의 도쿄 스카이트리는 2011년 11월 17일 기네스월드레코드사로부터 세계에서 제일 높은 타워로 인정받았다.

▼ 도쿄 스카이트리
(사진 제공: 도쿄스카이트리 공식 사이트)

▲ 각각 '이키', '미야비', '노보리' 조명이 켜진 스카이트리의 모습
(사진 제공: 도쿄스카이트리 공식 사이트)

도쿄 스카이트리는 후지산과 메이지진구, 황거, 그리고 이바라키현(茨城県) 가시마시(鹿嶋市)의 가시마진구(鹿島神宮)를 연결하는 레이 라인(고대 유적이나 성지가 일직선상에 늘어서 있는 선) 위에 세워져 있어서 에너지를 모으는 장소로 알려져 있다.

이키(粋)와 미야비(雅), 노보리(幟)의 조명을 날마다 바꿔가며 점등한다. 이키는 스미다 강의 물을 표현한 옅은 블루 빛을 띤다. 힘찬 모습과 에도의 기풍, 당당함을 느낄 수 있다. 미야비는 철골의 세세한 구조체를 옷에 비유해 에도무라사키(청보라색)를 테마 컬러로 한 기품 있는 분위기를 자아내며 금박처럼 반짝이는 빛이 우아함을 발산한다. 노보리는 예로부터 일본에서 재수가 좋은 색이라고 알려진 귤색을 기조로, 하늘로 오르는 노보리(깃발)를 이미지 한 수직성 있는 디자인이 활기차고 유쾌한 빛을 발산한다.

스카이트리까지는 아사쿠사역에서 도부 스카이트리 라인을 타고 한 정거장(2분 소요) 또는 도보 15분, 우에노역에서 도쿄메트로 긴자센을 타고 아사쿠사역에서 도부 스카이트리 라인으로 환승하면 14분이 소요된다.

우에노(上野)

우에노는 문화와 예술 등을 즐길 수 있는 곳이다. 역과 인접한 우에노 공원에는 미술관, 박물관, 시노바즈노이케(不忍池), 오층탑이 있는 사원, 우에노 동물원, 아메요코(アメ横) 시장 등이 있다.

우에노 공원은 벚꽃 명소로도 인기가 있다. 1871년(메이지 4년) 아직 공원이라는 말조차 없던 시절에 네덜란드의 일등 군의관 보드윈(Anthonius Franciscus Bauduin) 박사가 메이지 정부에 공원 조성을 제안했는데 이는 우에노 공원이 일본에서 공원 제1호로 지정되는 계기가 되었다. 그 후 우에노 공원은 박람회, 전람회 등으로 문명개화의 발상지이자 공원의 본보기가 되었으며 메이지 정부의 문명개화와 함께 근대 일본 건설이 시작되었다. 구미 선진제국의 제도나 시책이 도입되어 근대 일본의 기초가 만들어진 시기였다. 우에노 공원도 이러한 새로운 일본 건설기에 탄생했다.

JR 우에노역 공원 입구에서 도보로 5분 거리에 있는 우에노 동물원에는 고릴라, 호랑이, 북극곰, 기린 등 300여 종의 동물들이 살고 있다. 또한 역사가 있는 오층탑과 다실 '간칸테이(閑々亭)'도 있다.

우에누에 있는 아메요코(アメ横) 상점가는 2차 세계대전 이후 암시장에서 시작되어 사탕을 파는 가게가 많았기 때문에 '아메요코'라고 불리게 되었다. 현재는 약 500m 거리에 신선식품부터 화장품, 패션, 주얼리까지 온갖 종류의 가게가 즐비해 있다. 상가의 중심에 자리 잡은 아메요코 센터 빌딩에는 다양한 전문점이 있고, 향신료와 허브 등도 판매하고 있다. 판다 구이, 판다 빵, 판다 도시락 등 우에노 동물원의 판다를 딴 아메요코 스트리트 푸드도 유명하다.

한편, 우에노에는 걸어서 돌 수 있는 거리에 세계적으로 유명한 컬렉션을 자랑하는 미술관과 박물관이 모여 있다. 1959년에 개관한 '국립서양미술관'은 20세기를 대표하는 건축가 르 코르뷔지에(Le Corbusier)가 설계했으며, 2016년 7월 유네스코 세계문화유산으로 등재되었다. 이곳에는 중세 말기부터 20세기 초의 조각과 회화 6,000점 이상이 소장되어 있으며 모네, 고흐, 르누아르, 피카소 등의 작품을 감상할 수 있다.

또한 '도쿄국립박물관'은 일본에서 가장 오랜 150년의 역사를 가진 박물관으로 110,000건 이상의 소장품이 보관되어 있다. 본관에서는 불교 미술, 도검, 가부키 의상, 복잡한 금속공예 등 일본의 역사와 미술에 관한 작품이 폭넓게 전시되어 있다. 헤이세이(平成)관에는 특별전시장과 고고 전시실, 특집전시 공간이 있으며 나라의 호류지

▲ 도쿄국립박물관

(法隆寺)에 보관되어 있던 약 300건 이상의 불교 보물을 전시하는 호류지 보물관도 있다.

이 외에도 젊은 작가들의 최신 현대아트부터 인기 만화전까지 폭넓게 전시하는 '우에노 숲미술관', 공룡을 포함한 표본자료부터 자연사와 과학기술사에 관한 전시를 하는 '국립과학 박물관' 등이 있다.

▲ 국립과학박물관

何が一番したいですか。

| 학습내용 | 동사 ます형의 응용

| 기본회화 | ディズニーランドでチュロスを食べながらパレードを見たいです。

겐토와 미나, 아유무가 주말 일정에 대해 이야기하고 있습니다.

健人 ミナさん、今週末(こんしゅうまつ)は 何(なに)を しますか。

ミナ 私(わたし)は 友(とも)だちと 映画(えいが)を 見(み)に 行(い)きます。
健人(けんと)さんは？

健人 僕(ぼく)は 家(うち)で ゆっくり 休(やす)む つもりです。

歩夢 いいですね。
私(わたし)は シウさんと ディズニーランドに 行(い)きます。

ミナ ディズニーランドですか。いいな。
ディズニーランドで 何(なに)が 一番(いちばん) したいですか。

歩夢 そうですね。
チュロスを 食(た)べながら パレードを 見(み)たいです。

健人 いいですね。僕(ぼく)も 行(い)きたいなあ。

단어

今週末(こんしゅうまつ) 이번 주말	**家(うち)** 집	**行(い)く** 가다	**チュロス** 추로스
友(とも)だち 친구	**ゆっくり** 느긋하게, 천천히	**いい** 좋다	**食(た)べる** 먹다
映画(えいが) 영화	**休(やす)む** 쉬다	**一番(いちばん)** 가장, 제일	**〜ながら** 〜하면서
見(み)に行(い)く 보러 가다	**つもり** 작정, 생각	**する** 하다	**パレード** 퍼레이드
	ディズニーランド 디즈니랜드	**〜たい** 〜하고 싶다	**見(み)る** 보다

141

1 동사 활용 たい・ながら

	기본형	ます형	～たい	～ながら
5단동사	会う 만나다	会い	会いたい	会いながら
	行く 가다	行き	行きたい	行きながら
	泳ぐ 헤엄치다	泳ぎ	泳ぎたい	泳ぎながら
	話す 대화하다	話し	話したい	話しながら
	待つ 기다리다	待ち	待ちたい	待ちながら
	遊ぶ 놀다	遊び	遊びたい	遊びながら
	読む 읽다	読み	読みたい	読みながら
	乗る 타다	乗り	乗りたい	乗りながら
1단동사	起きる 일어나다	起き	起きたい	起きながら
	見る 보다	見	見たい	見ながら
	食べる 먹다	食べ	食べたい	食べながら
	寝る 자다	寝	寝たい	寝ながら
변격동사	来る 오다	来	来たい	来ながら
	する 하다	し	したい	しながら

2 동사 たい ～하고 싶다

평서문의 경우 나(화자)의 희망을 나타냅니다. ます형에 연결되고 い형용사와 같이 활용합니다.

예　(私は) 映画を 見たいです。　(나는) 영화를 보고 싶습니다.

　　(私は) どこへも 行きたくありません。　(나는) 어디에도 가고 싶지 않습니다.

　＊(あなたは) どこへ 行きたいですか。　(당신은) 어디에 가고 싶습니까?

3 동사 ながら ~하면서

두 가지 동작을 병행하는 것을 나타냅니다. ます형에 연결됩니다.

예 コーヒーを 飲みながら 本を 読みます。　커피를 마시면서 책을 읽습니다.
　　スマホを 見ながら ご飯を 食べます。　스마트폰을 보면서 밥을 먹습니다.

4 동사 つもりです ~할 생각입니다, ~할 작정입니다

동사 기본형에 연결되며 의지를 나타냅니다.

예 休みに 何を する つもりですか。　휴일에 무엇을 할 생각입니까?
　　大阪へ 行く つもりです。　오사카에 갈 생각입니다.

5 동사 に 行きます ~하러 갑니다

7과의 조사 「(동작성명사) に」와 같이 가는 행위의 목적을 나타냅니다. ます형에 연결됩니다.

예 勉強しに 行きます。　공부하러 갑니다.
　　服を 買いに 行きます。　옷을 사러 갑니다.

단어

コーヒー 커피　　　　　　　服(ふく) 옷
勉強(べんきょう) 공부　　　買(か)う 사다

143

1　いいですね。　좋네요.

상대방의 말에 대한 긍정적인 감정을 나타낼 때도 사용합니다.

2　そうですね。　그렇네요.

상대의 질문에 대해 대답하기 위해 하는 맞장구로도 사용합니다.

3　いいな。　좋겠다, 부럽다.

상대를 부러워하는 마음을 완곡하게 나타내는 표현입니다.

4　～なあ　～다

기분을 감정적으로 나타내거나 강조하는 말입니다. 혼잣말처럼 사용되는 경우가 많습니다.

5 취미

독서	영화감상	요리	여행	게임
読書	映画鑑賞	料理	旅行	ゲーム
낚시	**야구**	**축구**	**테니스**	**요가**
釣り	野球	サッカー	テニス	ヨガ
등산	**마라톤**	**농구**	**드라이브**	**자전거**
登山	マラソン	バスケットボール	ドライブ	自転車

6 동작성 명사

뒤에 「する」가 붙어 동사가 되는 명사를 말합니다.

공부	운동	청소	세탁
勉強	運動	掃除	洗濯
일	**쇼핑**	**산책**	**식사**
仕事	買い物	散歩	食事

1 〈보기〉와 같이 문장을 완성한 후 소리 내어 읽어 보세요.

보기　チュロスを 食(た)べます・パレードを 見(み)ます

　　　▶ チュロスを 食(た)べながら パレードを 見(み)ます。

① 音楽(おんがく)を 聞(き)きます・勉強(べんきょう)を します

▶ _____

② コーヒーを 飲(の)みます・話(はな)します

▶ _____

③ 電話(でんわ)を します・歩(ある)きます

▶ _____

④ フライドチキンを 食(た)べます・野球(やきゅう)を 見(み)ます

▶ _____

단어

音楽(おんがく) 음악 　　　**歩**(ある)**く** 걷다 　　　**野球**(やきゅう) 야구
聞(き)**く** 듣다 　　　**フライドチキン** 프라이드치킨

146

2 〈보기〉와 같이 물음에 답하세요.

보기　A: 週末、何を したいですか。(友だちに 会う)

　　　B: 友だちに 会いたいです。

① A: 週末、何を したいですか。(おいしい 物を 食べる)

　B: _____

② A: 日曜日、何を したいですか。(買い物を する)

　B: _____

③ A: 明日、何を したいですか。(運動を する)

　B: _____

④ A: 土曜日、何を したいですか。(一人で カフェへ 行く)

　B: _____

단어

週末(しゅうまつ) 주말　　**明日**(あした) 내일　　　　**カフェ** 카페
物(もの) 것, 물건　　　**土曜日**(どようび) 토요일
日曜日(にちようび) 일요일　　**一人**(ひとり)**で** 혼자서

3 〈보기〉와 같이 물음에 답하세요.

보기 A: 週末、何を する つもりですか。(友だちと 映画を 見る)

     B: 友だちと 映画を 見る つもりです。

① A: 土曜日、何を する つもりですか。(カフェで 勉強する)

   B: _____

② A: 連休、何を する つもりですか。(実家に 帰る)

   B: _____

③ A: 休みの日、何を する つもりですか。(新しい 服を 買う)

   B: _____

④ A: 週末、何を する つもりですか。(学校で テニスを する)

   B: _____

단어

連休(れんきゅう) 연휴   **休**(やす)**み** 쉼, 휴일

実家(じっか) 친가, 집   **帰**(かえ)**る** 돌아가다

4 〈보기〉와 같이 바꿔 묻고 답해 보세요.

보기　本を 読む

A: 明日、どこへ 行きますか。

B: 学校へ 行きます。

A: 何を しに 行きますか。

B: 本を 読みに 行きます。

① 友だちに 会う

② 資料を さがす

③ プルで 泳ぐ

④ テニスを する

⑤ 部活を する

5 방학 때 무엇을 할 것인지 ながら・たい・つもり를 넣어서 말해 보세요.

예　私は 夏休みに 日本旅行を する つもりです。…

일본의 전통문화(1)

시우, 미나는 지난 골든 위크 기간에 도쿄국립박물관 등에서 봤던 일본의 옛 모습들이 기억에 남았다. 그래서 두 사람은 일본의 대표적인 전통문화인 유키요에(浮世絵), 가부키(歌舞伎), 스모(相撲) 등을 조사하기로 했다.

우키요에

우키요에는 에도 시대(1603~1867)에 생겨난 회화의 일종이다. 독특한 구도와 화법으로 그려진 우키요에는 미술품으로 가치가 높아 유럽 화가들에게도 영향을 미쳤다. 우키요에의 소재는 에도에 사는 사람들의 관심사가 중심이 되었는데, 일상생활에 관한 것이나 놀이, 유녀, 배우 등이었다.

과거 그림이나 글씨 등 예술을 사랑할 수 있었던 것은 생활에 여유가 있는 무사나 귀족 등 이른바 상류층 사람들이었다. 교토(京都) 등에서는 무로마치 시대 무렵부터 마을 사람들을 위해 저렴한 그림을 판매하기도 했지만, 그것도 극히 일부 사람들을 위한 것이었다. 그러다가 센고쿠(戰國)시대가 끝나고 태평성대가 열리는 에도 시대가 무렵부터 조금씩 변화해 갔다. 에도가 일본의 신흥도시로서 발전·안정되자 '현세(現世)'를 즐기려는 기풍이 생겨났다.

이러한 변화는 마을 사람들에게 그치지 않고, 부유층을 상대로 그리고 있던 프로 화가들의 창작 활동에도 영향을 미쳐 사람들의 일상생활을 포착한 우키요에가 시작되었다. 불교사상에서는 시름에 찬 현세를 '우키요(憂世)'라고 했지만, 그것이 현실의 즐거움을 구가하는 서민들의 인생관을 반영하는 표현으로 바뀌면서 '우키요(浮世)'로 고쳐졌다.

우키요에는 크게 '목판화'와 '육필화(肉筆画)'(회화)로 나눌 수 있다. 기원은 붓으로 그린 풍속화까지를 포함하여 16세기 중반으로 보는 견해가 있다. 한 장의 작품만 제작되는 육필화는 일정의 경제력을 가진 부유층에 의해 소비된 반면, 목판화로 제작된 우키요에는 대량 제작되어 대중들에게 보급되었다. 목판으로 인쇄되는 우키요에는 출판 책임자인 한모토(版元)와 밑그림 화가인 에시(絵師), 조각 기술자인 호리시(彫師), 인쇄 기술자인 스리시(摺師)가 한 팀을 이루어 네 사람의 분업과 협업에 의해 생산되었다.

출판 책임자는 판화 전체를 총괄하는 회사와 같은 존재로 기획 · 제작 · 판매까지를 모두 담당한다. 출판에 필요한 자금 조달이나 세상의 동정, 유행을 판별하여 어떤 주제가 대중에게 받을 것인가를 모색한다. 그렇게 해서 완성된 기획을 화가에게 작화 의뢰하고 작화 의뢰를 받은 화가는 '밑그림' 작업을 한다. 밑그림이 완성되면 다른 종이에 밑그림을 베껴 원하는 부분을 먹물로 칠한다. 이것을 '한시타에(版下絵)'라고 하며, 조각 기술자가 새길 때 원화가 된다.

화가가 한시타에를 완성하면 출판 책임자에게 보내고, 출판 책임자는 막부의 법령에 따라 검열하여 문제가 없으면 출판 허가를 한다. 허가받은 판화에는 '아라타메인(改印)'이 찍혔고, 이 제도는 1791년(간세이 3년)부터 1875년(메이지 8년)까지 계속되었다.

출판 책임자의 출판 허가를 받은 한시타에는 조각사가 판각을 한다. 판목으로 사용되던 목재는 강도가 적당하고 조각하기 쉽다고 알려진 '산벚꽃' 나무이다. 한시타에를 뒤집어서 판목에 붙여 윤곽선을 그린 후 조각을 하는데, 세부적인 부분은 조각 기술자의 역량에 맡겨지는 경우가 많다. 조각이 완성되면 인쇄 기술자가 인쇄작업을 한다.

17세기 중반 이후 목판 판본이 보편화되었으며, 18세기 후반, 선명한 색 표현을 특징으로 하는 다색 판화 '니시키에(錦絵)'가 등장하며 우키요에의 전성기를 이끌었다. 메이지 시대

(1867~1912)에 들어서 사진·제판·기계인쇄 등의 유입으로 쇠퇴하였으나, 유럽으로 수출하던 공예품의 포장지 등으로 프랑스 등지에서 주목 받았고, 인상주의 화가들을 중심으로 유행한 자포니즘(Japonism)에 영향을 주었다.

가부키

일본 가부키 공식 사이트 바로가기 ▶

가부키는 에도 시대 서민 문화를 바탕으로 성립된 연극으로 노(能), 인형극인 닌교조루리(人形浄瑠璃)와 함께 일본의 3대 고전극(古典劇)으로 꼽힌다. 대사, 음악, 무용의 각 요소가 혼연일체를 이루고 있다. 1600년경 교토에서 무녀 이즈모노 오쿠니(出雲の阿国)가 사찰이나 불상 건립을 위한 자금 마련 공연을 하는 중에, 칼과 십자가 목걸이 등 요란한 복색을 하고 추기 시작한 염불춤이 그 전신이다.

가부키 춤이 폭발적인 인기를 끌자 여러 지역의 유녀들이 가부키 춤을 모방하면서 여자 가부키의 융성을 초래했다. 그러나 에도 막부는 풍기를 어지럽힌다는 이유로 1629년에 가부키 춤을 금지시켰다. 가부키에 여자 배우의 출연이 금지되자, 이를 대신해 미소년들이 여장을 하고 무대에 오르는 와카슈(若衆)가부키가 시작되었다. 와카슈란 아직 앞머리를 자르지 않은 미소년이라는 뜻이다. 어린 남자아이가 하는 여자 역을 온나가타(女方)라고 하게 되었으며 가부키의 중요한 요소로 자리잡았다. 그러나 이 역시 소년 가부키 극단 내부의 분쟁, 유부녀와의 불륜 사건, 남색의 대상이 되는 문제 등으로 풍속을 해치는 일이 발생하자 에도 막부는 1652년 소년의 출연은 물론 가부키 자체를 금지시켰다. 그 후에는 기예와 각본 본위의 남성 가부키가 흥행했다.

조닌(町人) 문화가 꽃핀 겐로쿠(元禄) 시대 이후에는, 명작자·명배우가 배출되면서 본격적인 연극으로서 급속히 성장했다. 닌교 조루리의 대본·연출을 도입하여 내용과 양식이 풍부해지고 극장음악과 함께 무용극이 진보하여 희곡이 복잡해지고 각종 무대 기구가 발달하는 등 다채롭게 발전했다.

▲ 도쿄 긴자에 있는 가부키 극장

가부키는 역사가 긴 만큼 연극으로서 상당히 많은 요소를 가지지만, 원래 무용에서 출발했고, 닌교조루리와도 밀접한 관계가 있는 무대예술이다. 2005년에는 유네스코의 〈인류 구전 및 무형유산에 관한 걸작 선언〉 목록에 등재되었다.

스모

스모는 일본에서 가장 오래된 스포츠로 천 수백 년 전에 시작되었다. 4세기경 고분시대(3세기경~7세기경) 출토품에 스모 인형이 있고, 일본에서 가장 오래된 역사책으로 알려져 있는 『고지키(古事記)』(712), 『니혼쇼키(日本書紀)』(720)의 신화와 노미노스쿠네(野見宿禰)와 다이마노게하야(當麻蹴速)의 승부 전설에도 등장한다.

원래 스모는 벼농사가 시작되고 농민들 사이에 그해 벼를 많이 수확할 수 있도록 기도하거나 풍작 여부를 점치는 행사로 치러졌다. 나라(奈良) 시대(710~794)와 헤이안 시대(794~1185)에는 궁중의 의식이 되어 덴노 앞에서 스모를 했다.

한편, 가마쿠라 시대부터 센고쿠 시대까지는 힘이 센 것을 싸움에 필요한 무술로 여기게 되면서 무가(武家)에서 씨름꾼을 고용하였고 무사의 전투 훈련으로 스모가 행해졌다. 센고쿠 시대의 유명한 다이묘(大名)인 오다 노부나가(織田信長)는 매년 씨름꾼들을 모아 스모 대회를 열 정도로 스모를 좋아했다고 한다.

에도 시대에는 힘 자랑을 하는 사람들 가운데 스모를 직업으로 하는 사람들이 나타나 전국에서 스모가 행해지게 되었고, 에도 시대 중기에는 정기적으로 스모가 흥행하게 되었다. 현재 스모의 형태는 거의 에도 시대에 만들어졌다. 신사나 절을 짓고 다리를 다시 놓을 때 기부를 위해 스모 경기가 벌어지기도 하고, 서민층에게도 보급되었다.

스모 선수는 머리에 상투를 틀어 올리고, 심판인 교지(行司)는 약 600년 전의 사무라이와 같은 복장을 한다. 스모는 흙을 단단하게 다져 만든 씨름판인 도효(土俵)에서 하는데 사각형 받침대 위에 직경 4.5미터의 원을 가마니로 만든다. 이 원 안이 경기 공간이다.

샅바를 두른 두 명의 스모 선수는 씨름판에 올라가 두 다리를 벌린 상태에서, 손을 무릎에 대고 오른발과 왼발을 번갈아 높이 들어 힘주어 내리는 동작을 한다. 그 후 씨름판에 소금을 뿌리는데, 거기에는 신성한 씨름판을 깨끗하게 한다는 의미 등이 있다.

그다음 상대의 동작에 맞추어 허리를 낮추고 좌우로 무릎을 벌려 대치한다. 상대와 호흡을 맞추고, 양 주먹을 씨름판에 살짝 한 번 내리고 일어나 힘을 겨룬다.

교지는 스모선수가 기술을 걸고 있을 때 '남았다'라는 뜻의 '노콧타(残った)'를 외치고, 움직이지 않을 때는 '힘내라'라는 뜻의 '핫키요이(発気揚々)'를 외친다. 상대를 넘어뜨리거나 씨름판 밖으로 나가게 하면 승리하고, 교지가 승리한 선수의 손을 들어 이를 알린다.

▲ 스모 경기상인 '도효(土俵)'

<ruby>驚<rt>おどろ</rt></ruby>かないで
ください。

| 학습내용 | 동사 ない형

| 기본회화 | <ruby>私<rt>わたし</rt></ruby>はSNSとかブログは<ruby>全然<rt>ぜんぜん</rt></ruby>しないです。

겐토와 미나, 아유무가 SNS와 블로그에 대해 이야기하고 있습니다.

ミナ 健人さんは SNS とかしますか。

健人 いいえ、しません。

ミナ ブログとかもしないんですか。

健人 ええ、僕は SNS とかブログは全然しないですね。

やり方もわからないし…。

歩夢 私も昔はしなかったけど、先月からブログを始め

ました。アイドルファンブログです。

健人 ええ！？本当ですか？知らなかった。

歩夢 もうそんなに驚かないでくださいよ。

단어

~とか ~라든가	わかる 알다, 이해하다	始(はじ)める 시작하다	もう 참, 정말
する 하다	~し ~하고	アイドル 아이돌	そんなに 그렇게
ブログ 블로그	昔(むかし) 옛날	ファン 팬	驚(おどろ)く 놀라다
全然(ぜんぜん) 전혀	先月(せんげつ) 지난달	本当(ほんとう) 정말	
やり方(かた) 하는 방법	~から ~부터	知(し)る 알다, 배워서 익히다	

1 동사 ない・なかった ~하지 않다・~하지 않았다

	기본형	~ない ~하지 않다	~なかった ~하지 않았다
5단동사	会う 만나다	会わない	会わなかった
	行く 가다	行かない	行かなかった
	泳ぐ 헤엄치다	泳がない	泳がなかった
	話す 대화하다	話さない	話さなかった
	待つ 기다리다	待たない	待たなかった
	遊ぶ 놀다	遊ばない	遊ばなかった
	読む 읽다	読まない	読まなかった
	乗る 타다	乗らない	乗らなかった
1단동사	起きる 일어나다	起きない	起きなかった
	見る 보다	見ない	見なかった
	食べる 먹다	食べない	食べなかった
	寝る 자다	寝寝ない	寝なかった
변격동사	来る 오다	来ない	来なかった
	する 하다	しない	しなかった

① 5단동사: 어미 う단이 あ단으로 바뀌고 「ない」가 붙습니다.

예　いく ▶ いかない　　　　あそぶ ▶ あそばない
　　(ku)　(ka)　　　　　　(bu)　　(ba)

② 1단동사: 어미 「る」가 빠지고 「ない」가 붙습니다.

예　たべる ▶ たべない

　　おきる ▶ おきない

③ 변격동사: 활용에 규칙이 없습니다.

예　くる ▶ こない

　　する ▶ しない

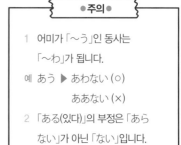

●주의●

1 어미가 「~う」인 동사는
　「~わ」가 됩니다.
예 あう ▶ あわない (○)
　　　　　ああない (×)
2 「ある(있다)」의 부정은 「あら
　ない」가 아닌 「ない」입니다.

예 　週末^{しゅうまつ}は勉強^{べんきょう}しない。　주말은 공부하지 않는다.
　　日曜日^{にちようび}に朝^{あさ}ご飯^{はん}は食^たべないです。　일요일에 아침밥은 먹지 않아요.
　　昨日^{きのう}はどこへも行^いかなかった。　어제는 아무데도 가지 않았다.

2 동사 ないでください　~하지 마세요

상대에게 무엇인가 하지 않도록 부탁하는 표현입니다.

예 　何^{なに}も食^たべないでください。　아무것도 먹지 마세요.
　　この部屋^{へや}に入^{はい}らないでください。　이 방에 들어가지 마세요.

3 조사 ~けど　~하지만

문장 끝에 붙어서 역접을 나타냅니다. 「~けれども」의 축약 표현으로 「~けれど」라고도
합니다.

예 　昔^{むかし}はブログをしなかったけど、先月^{せんげつ}から始^{はじ}めました。
　　옛날에는 블로그를 하지 않았지만, 지난달부터 시작했습니다.
　　朝^{あさ}から雨^{あめ}でしたけど、気持^{きも}ちよかったです。
　　아침부터 비였지만, 기분 좋았습니다.

단어

朝^{あさ}ご飯^{はん} 아침 식사　　　朝^{あさ} 아침　　　　　　気持^{きも}ちいい 기분 좋다
入^{はい}る 들어가다　　　　　雨^{あめ} 비

---

1 〜んです ~인 것입니다, ~입니다

「ん」은「の」의 회화체로, 강조를 하거나 이유나 상황 설명을 요구하거나 답할 때, 그리고 납득 할 때 사용합니다.

2 〜とか ~라든가

본래는「〜とか〜とか」와 같이 여러 가지 예를 들 때 사용하는 말이지만, 가벼운 회화인 경우「〜とか」를 한 번만 사용해 지금 말하는 예시 외의 것이 있다는 것을 나타낼 때 사용합니다.

3 ええ!? 앗!?

놀람, 슬픔, 기쁨 등 여러 감정을 나타낼 때 사용하는 표현입니다.

4 もう 참, 정말

자신의 감정이나 판단 등을 강조하는 마음을 나타낼 때 사용하는 말입니다.

5 ～よ ~요

상대에게 자신의 판단이나 주장, 감정 등을 강하게 나타내는 종조사입니다. 우리말로 해석이 되지 않는 경우가 많습니다.

6 날짜 표현

어제	오늘	내일	매일
きのう 昨日	きょう 今日	あした 明日	まいにち 毎日
지난주	이번 주	다음 주	매주
せんしゅう 先週	こんしゅう 今週	らいしゅう 来週	まいしゅう 毎週
지난달	이번 달	다음 달	매달
せんげつ 先月	こんげつ 今月	らいげつ 来月	まいつき 毎月
작년	올해	내년	매년
きょねん 去年	ことし 今年	らいねん 来年	まいねん 毎年

▶▶ 연습 노트

1 〈보기〉와 같이 바꾼 후 소리 내어 읽어 보세요.

보기 朝早く起きる ▶ 朝早く<u>起きない</u>。

① 朝ご飯を食べる ▶ _____

② 料理をする ▶ _____

③ ビールを飲む ▶ _____

④ 試験の時、友だちに会う ▶ _____

2 〈보기〉와 같이 물음에 답하세요.

보기 A: いつも朝ご飯を食べますか。

B: いいえ、食べない時もあります。

① A: 毎日、日本のドラマを見ますか。

B: _____

② A: 土曜日に運動をしますか。

B: _____

단어

早(はや)く 일찍　　**試験(しけん)** 시험

時(とき) 때　　**毎日(まいにち)** 매일

ドラマ 드라마　　**土曜日(どようび)** 토요일

③ A: いつも<ruby>教科書<rt>きょうかしょ</rt></ruby>を<ruby>買<rt>か</rt></ruby>いますか。

   B: _____

④ A: <ruby>毎日<rt>まいにち</rt></ruby>、<ruby>日記<rt>にっき</rt></ruby>をつけますか。

   B: _____

3 〈보기〉와 같이 바꾼 후 소리 내어 읽어 보세요.

보기　ここでタバコを<ruby>吸<rt>す</rt></ruby>う

  ▶ すみません。ここでタバコを<ruby>吸<rt>す</rt></ruby>わないでください。

① これ<ruby>以上<rt>いじょう</rt></ruby><ruby>食<rt>た</rt></ruby>べる

▶ _____

② この<ruby>椅子<rt>いす</rt></ruby>に<ruby>座<rt>すわ</rt></ruby>る

▶ _____

③ <ruby>研究室<rt>けんきゅうしつ</rt></ruby>に<ruby>入<rt>はい</rt></ruby>る

▶ _____

④ <ruby>電車<rt>でんしゃ</rt></ruby>の<ruby>中<rt>なか</rt></ruby>で<ruby>電話<rt>でんわ</rt></ruby>する

▶ _____

단어

いつも 언제나	**つける** 적다, 붙이다	**これ以上**(いじょう) 이 이상
教科書(きょうかしょ) 교과서	**タバコ** 담배	**座**(すわ)**る** 앉다
日記(にっき) 일기	**吸**(す)**う** 피우다	**研究室**(けんきゅうしつ) 연구실

4 〈보기〉와 같이 바꾼 후 소리 내어 읽어 보세요.

보기 ブログは全然_{ぜんぜん}しないです。

    ▶ ブログは全然_{ぜんぜん}<u>しません</u>。

① 朝_{あさ}ご飯_{はん}はあまり食_たべないです。

▶ _____

② 日曜日_{にちようび}は全然勉強_{ぜんぜんべんきょう}しないです。

▶ _____

③ 試験_{しけん}の時_{とき}はどこへも行_いかないです。

▶ _____

④ テレビはたまにしか見_みないです。

▶ _____

5 〈보기〉와 같이 물음에 답하세요.

보기 A: キムさん、水泳_{すいえい}できますか。

    B: はい、去年_{きょねん}はできなかったけど、今_{いま}はできます。

단어

たまに 가끔	**水泳**(すいえい) 수영	**去年**(きょねん) 작년
しか 밖에	**できる** 할 수 있다	**今**(いま) 지금

① A: キムさん、日本語できますか。

B: _____

② A: キムさん、スキーできますか。

B: _____

③ A: キムさん、ブログしますか。

B: _____

④ A: キムさん、お酒を飲みますか。

B: _____

6 고등학생 때와 비교해서 나의 이야기를 해 보세요.

예 高校生の時は朝早く起きましたけど、今は朝早く起きません。

一人で映画館へ行きます。…

_____

_____

_____

_____

단어

お酒(さけ) 술   **早**(はや)く 일찍
高校生(こうこうせい) 고등학생   **映画館**(えいがかん) 영화관

지역 여행

~~~~~~~~

한 학기가 지나고, 곧 방학이 시작된다. 시우, 미나는 겐토, 아유무와 여행을 가기로 했다. 그래서 온천, 테마파크, 유적지 가운데 어떤 곳으로 가는 게 좋을지 사전 조사를 해 보기로 했다.

온천

온천의 역사는 인류의 역사보다 더 길다고 알려져 있으며, 일본에서 가장 오래된 문헌인 『고지키』, 『니혼쇼키』 등에는 다양한 온천에 관한 기록이 있다. 그 가운데는 천황의 온천 행차 기록뿐만 아니라, 온천을 '신탕(神湯)', '약탕(薬湯)'이라고 해서 경외감을 드러내는 사람들의 모습도 묘사되어 있다.

가마쿠라 시대에는 아타미(熱海) 온천, 이즈야마(伊豆山) 온천에 무사나 고승 등이 방문한 기록이 남아 있고 센고쿠 시대에는 많은 온천에서 부상병들이 치료했다는 기록이 남아 있다. 에도 시대에는 온천에 대한 다양한 문헌이 남아 있다. 각지의 다이묘가 치료했다는 온천지도 많이 있고, 아타미와 구사쓰(草津) 등의 온천수를 에도성으로 운반한 후 다시 끓여서 쇼군이 목욕했다고 전해지고 있다. 또한 농민이나 마을의 주민들도 허가를 받은 후 온천에서 치료했던 것으로 보인다.

근세 일본에 얼마나 많은 수의 온천지가 존재했는지는 확실하지 않지만, 에도 중기에 발행된 '온천 순위표(溫泉番附)'에 100여 곳 온천지의 효능이 그 거리와 함께 게재되어 있다. 이 온천지들은 이미 병을 치료하는 곳으로 알려져 있던 것을 알 수 있다.

메이지 시대에는 일본에서 처음으로 온천 전국 조사를 실시하여, 1886년에 내무성 위생국에서 '일본 광천지(日本鑛泉誌)'를 발행하였다. 또한 일본 각지에서 온천 개발이 진행되어 시즈오카현(静岡県)의 아타미 온천이나 오이타현(大分県)의 벳푸(別府) 온천, 가나가와현(神奈川県)의 하코네고라(箱根強羅) 온천 등이 크게 발전하게 되었다. 쇼와(昭和) 시대에는 철도가 많이 정비되면서 도시 지역에서 온천지로 가는 교통이 편리해졌고 많은 사람들이 온천지를 찾게 되었다.

한편, 일본의 3대 온천으로는 효고현(兵庫県)의 아리마(有馬) 온천, 군마현(群馬県)의 구사쓰 온천, 기후현(岐阜県)의 게로(下呂) 온천을 든다. 무로마치(室町)시대에 교토(京都) 쇼고쿠지(相国寺)의 승려인 반리슈쿠(万里集九)가 시문집 '매화무진장(梅花無尽蔵)'에 세 온천의 이름을 기재하고, 이어서 에도 시대 유학자인 하야시 라잔(林羅山)이 자신의 시문에 세 온천을 '천하의 3대 온천'이라고 이름을 남긴 데서 유래했다.

1) 아리마 온천

아리마 온천은 효고현 고베시(神戸市) 기타구(北区)에 위치하고 있으며 온천가는 롯코(六甲) 산지 북쪽 산기슭에 펼쳐져 있다. 아리마는 산과 산 사이를 뜻하며, 주위가 산으로 둘러싸여

있다는 특징을 나타낸다. 또한 고베의 시가지에서 그리 멀지 않아 많은 사람들의 사랑을 받아왔다. 아리마 온천수는 철분, 나트륨, 칼슘 등의 미네랄이 풍부하여 피부병, 근육통, 신경통 등에 효과가 있다고 한다.

2) 구사쓰 온천

구사쓰는 도쿄에서 북북서 200km에 위치한 곳으로 사계절 모두 아름다운 자연을 즐길 수 있는 사각의 작은 마을이다. 인구는 약 7,000명이지만 한 해 관광객은 3백만 명에 이른다.

구사쓰 온천은 자연 용출 샘으로, 용출량이 일본에서 가장 많다고 알려져 있다. 24시간 흘러넘치는 천연 온천으로, 원천을 그대로 흘려보내 오래된 온천수를 배출하는 방법을 쓴다. 참고로 이 온천은 뜨겁고, 일본에서도 손꼽히는 강력한 살균력을 자랑한다.

활화산에 둘러싸인 구사쓰온천은 지금으로부터 1800년 전에 야마토타케루(やまとたける)가 발견했다는 설과 나라 시대의 고승 교키(行基)가 발견했다는 설이 전해져 오고 있다. 가마쿠라 시대 때 사슴 사냥을 하기 위해 구사쓰를 방문한 미나모토 요리토모(源 賴朝)가 입욕한 이야기로도 유명하다.

에도 시대에는 구사쓰 온천이 서민에게도 사랑받아 북적거렸다고 한다. 또한 1876년 정부 초청으로 일본을 방문한 도쿄대학 의학부의 전신인 도쿄 의학교에서 26년간 생리·병리, 내과, 부인과의 의학을 가르쳐 일본의학에 크게 공헌한 베르쓰 박사(Dr. Erwin Von Bälz)는 구사쓰 온천에 여러 차례 방문하여 온천을 분석하고, 바른 입욕법을 지도함과 동시에 세계에 소개하기도 했다.

3) 게로 온천

　게로 온천은 1,000년의 역사를 자랑하며, 상처 입은 백로 한 마리가 온천의 흔적을 알렸다는 전설이 있다. 무로마치 시대에는 고승 반리슈쿠가, 에도 시대에는 유학자 하야시 라잔이 소개하여 널리 알려졌다. 게로 온천의 원천 온도는 최고 84℃, 공급온도는 55℃이며, 매끈매끈한 촉감으로 일명 '미인탕'이라고도 불린다. 알칼리성 단순 온천으로 류마티스, 운동기능 장애, 신경통, 미용 등에 효과가 있다고 한다.

　일본온천 협회에서는 온천할 때의 에티켓 12항목을 정해 온천을 찾는 관광객들에게 홍보하고 있다.

① 목욕 전후로 수분을 보충합시다. 목욕으로 인해 몸의 수분이 빼앗깁니다.

② 음주 후 목욕은 삼가세요. 넘어지거나 탈수가 생깁니다.

③ 목욕 시 속옷이나 수영복을 벗고 들어가세요.

④ 3~5차례 물을 끼얹고 들어갑시다. 이는 혈압의 급격한 상승을 방지합니다.

⑤ 몸을 씻고 욕조에 들어가세요.

⑥ 욕조에 뛰어들지 마세요.

⑦ 욕조 안에서 몸을 씻지 마세요.

⑧ 수건을 욕조에 넣지 마세요. 욕조의 청결을 유지하기 위해서입니다.

⑨ 욕조 안에서 수영하지 마세요.

⑩ 욕조 안에서 옷이나 속옷을 빨지 마세요.

⑪ 탈의실로 올라가기 전에 몸을 닦으세요.

⑫ 에티켓을 지키고 온천을 즐기세요.

테마파크 - 지브리파크

스튜디오 지브리의 명작 세계가 표현되어 있는 지브리파크(ジブリパーク)에서는 〈이웃집 토토로〉나 〈센과 치히로의 행방불명〉 등의 명작 장면을 체험할 수 있다. 2005년 아이치(愛知) 엑스포 기념공원의 광활한 부지 내에 '청춘의 언덕(青春の丘)', '지브리의 대창고(ジブリの大倉庫)', '돈도코 숲(どんどこ森)' 등 세 개 구역이 1차로 개장하여 시작되었다.

'청춘의 언덕'에서는 〈귀를 기울이면〉에 등장하는 골동품 상점을 둘러볼 수 있다. 이 골동품 상점은 그 자체로 타임캡슐과 같은 곳이며, 건물의 두 층이 전부 발코니로 이어져 있다. '지브리의 대창고'에는 〈천공의 성 라퓨타〉, 〈센과 치히로의 행방불명〉, 〈마루 밑 아리에티〉 등의

실물 크기 모형이 설치되어 있다. '돈도코 숲'에는 〈이웃집 토토로〉의 사쓰키와 메이가 이사
온 일본과 서양식이 섞여 있는 집을 볼 수 있다. 각 구역 사이에는 여유롭게 찾아볼 수 있는 다
양한 소형 전시물이 마련되어 있고, 각각 다른 콘셉트 아래, 폭넓은 연령층이 즐길 수 있다.

유적지

1) 닛코(日光)

닛코는 도쿄의 북쪽 도치기(栃木)현 북서부에 위치한 관광지로 도쿄에서 2시간 정도 거리
에 있다. '닛코를 보지 않고 아름다움을 말하지 말라'라는 격언이 있을 정도로 닛코에는 많은
볼거리가 있는데 그중에서 닛코 도쇼구(東照宮)와 닛코 후타라산(二荒山) 신사 그리고 닛코산
린노지(輪王寺) 세 곳은 유네스코 세계유산으로도 등록되어 있다. 이 가운데에서 가장 유명한
곳은 닛코 도쇼구이다.

이곳은 에도 시대 초기에 도쿠
가와 막부의 창립자이자 초대 쇼군
도쿠가와 이에야스의 묘소이다. 도
쿠가와 이에야스는 세상을 떠난 지
1년 뒤 닛코의 신사에 모셔지면서
신의 지위에 오르게 되었다.

닛코 도쇼구는 소박한 아름다
움을 특징으로 하는 다른 신사들과
는 달리 호화찬란한 색채와 장식을
하고 있다. 일본에서 가장 화려하게 장식한 일주문(一柱門)인 요메이몬(陽明門)은 문 전체를 세
밀하게 새긴 어린이, 노인, 신화에 나오는 짐승 등 508개의 조각으로 장식한 것이 특징이며
에도 시대 장인의 솜씨가 고스란히 담겨있다.

▲ 도쿠가와 이에야스의 유골이 들어있는 청동탑

닛코 도쇼구에는 정교하고 화려한 조각 장식이 많은데, 가장 유명한 조각은 세 마리의 현자 원숭이다. 신마(神馬)의 거처인 마구간에 새겨진 여덟 점의 연작 중 하나로, 첫 번째 원숭이는 '악한 것을 보지 않고', 두 번째는 '악한 것을 말하지 않고', 마지막 원숭이는 '악한 것을 듣지 않는다'는 모습을 하고 있다. 원숭이를 활용해 인간의 일생을 난계별로 표현하여 지혜를 교훈처럼 전하고 있다.

닛코를 하루 일정으로 여행하려면 아침 일찍 움직여야만 제대로 둘러볼 수 있다. 도쿄에서 닛코로 갈 때 가격과 시간을 고려하면 도부센(東武線) 아사쿠사역에서 출발하는 것이 가장 좋은 방법이다. 외국인을 대상으로 올 닛코 패스와 세계유산 패스 등 전용 관광 프리패스를 판매하고 있다.

▲ 세 마리의 현자 원숭이 조각 장식

2) 가마쿠라(鎌倉)

가마쿠라는 남쪽은 바다를 향해 있고, 그 외 세 면은 산으로 둘러싸여 있는 천연 요새이다. 가마쿠라 시대에는 일본 최초의 무가 정권인 가마쿠라 막부가 설치되어 일본 정치에서 중요한 위치에 있었다. 또한 가마쿠라에는 헤이안 시대부터 이어져 온 교토와 나라의 귀족 문화와 중국 송(宋)·원(元) 문화에 무가의 정신성과 서민문화가 융합되어 독자적인 무가문화가 형성되었다. 종교면에서도 변혁이 일어나 가마쿠라 시대에 '가마쿠라 오산(겐초지 建長寺, 엔가쿠지 円覚寺, 스후쿠지 寿福寺, 조치지 浄智寺, 조묘지 浄妙寺)'을 비롯하여 많은 사찰이 세워졌다.

▲ 고토쿠인 가마쿠라의 대불

하지만 가마쿠라 막부가 멸망하고 교토에 무로마치 막부가 수립된 지 오래되지 않아 가마쿠라는 활기를 잃고 농촌과 어촌 마을이 되어 버렸다. 그러나 그 후 에도 시대에 접어들면서 사찰이 부흥하고, 에노시마(江の島) 등의 경승지가 점차 에도 사람들에게 알려졌다.

메이지 시대에 들어와 1889년 요코스카선이 개통되면서 가마쿠라는 온난한 기후와 아름다운 풍경으로 휴양지·별장지가 되었다. 또한 나쓰메 소세키(夏目漱石) 등 문화인들이 살기 시작하면서 문화인이 모이는 마을로 일본 전역에 알려지게 되었다.

가마쿠라에는 많은 신사와 절이 있으며, 그중에서 800년 역사의 쓰루가오카 하치만구(鶴岡八幡宮)는 가마쿠라의 상징이라고 할 수 있다. 그 외에 고토쿠인(高德院)은 가마쿠라의 대불(大仏)로 유명하다. 현재도 바다를 비롯한 아름다운 경관뿐만 아니라 많은 신사와 절 등 역사적 유산이 풍부해서 가마쿠라를 당일치기로 찾는 사람이 많다. 도쿄역에서 가마쿠라역까지

JR선으로 53분이 걸리며, 신주쿠역에서 가마쿠라역까지 직행 전철을 타면 58분이면 갈 수 있다.

3) 요코하마(横浜)

요코하마는 1859년 일본에서 가장 먼저 개항된 항구도시로, 해외의 문화와 정보를 적극적으로 받아들인 일본 근대의 발상지로 알려져 있다. 개항 당시 100여 세대의 가난한 농어촌이었던 요코하마는 개항 이후 현대적인 무역 도시로 기능을 발휘하면서 일본산 실크 및 차를 수출했다.

1923년 9월 1일에 발생한 관동 대지진으로 요코하마를 완전히 폐허가 되었으나, 시민들의 노력으로 1929년경 본래의 모습을 대부분 재건했다. 1931년 이후에는 연안 지역이 매립되어 무역 도시에서 화학 중공업 도시로 변모했다. 그러다 제2차 세계대전이 종전되기 직전인 1945년 5월 29일에 폭격을 맞아 도시의 42%가 불에 타버렸다. 종전 후 연합군에 의해 항만 시설의 90%, 도시의 27%가 징발됨에 따라 요코하마의 재건은 다른 도시들보다 현저히 지체되었다. 그러나, 일본의 경제 성장기가 시작되면서 도시 개발을 진행하여 급속히 인구가 증가했다. 1989년, 시정 100주년을 기념하고 요코하마 엑스포(YES '89)를 개최했다.

▲ 요코하마의 야경

현재 약 337만 명의 인구를 보유한 요코하마는 도쿄시 다음으로 큰 도시이다. 일본의 태평양 연안을 따라 일본 중심부에 위치한 요코하마에는 국제 무역항인 요코하마 항구가 있어 요코하마에 지사를 만든 외국 기업도 많이 있다. 요코하마는 관광지로서의 명성을 누리고 있을 뿐만 아니라, 비즈니스 및 문화를 비롯한 다양한 도시적 기능까지 하고 있다. 특히 미나토미라이21 지역은 매립지에 만들어진 구획된 미래형 도시 같은 느낌이 드는 곳으로, 근대적 감각의 미술관과 쇼핑몰, 오피스 빌딩 등이 밀집해 있다.

요코하마 항구 개항 당시의 모습을 간직한 아카렌가(赤レンガ) 창고는 레스토랑, 상점, 전시회장 등으로 사용되며 역사와 현대가 어우러진 공간이다. 붉은 벽돌 건물로, 과거의 분위기를 느낄 수 있다.

차이나타운은 개항 후 서양인과 함께 온 중국인 상인이 장사를 시작하면서 형성된 곳이다. 차이나타운에는 관우를 사업번창의 신으로 모신 간테이뵤(関帝廟) 및 항해와 자연재해로부터 안전을 지켜주는 수호신, 인연을 맺어주는 신 등 여러 신들을 모신 사당 마소뵤(媽祖廟) 등이 있다.

야마테(山手)는 요코하마 항구가 내려다보이는 언덕 위에 자리 잡고 있으며, 개항 당시 외국인 거류지로서 개척되었다. 야마테의 저택들은 지금도 역사적 건조물로서 보호관리 되고 있으며, 고풍스러운 분위기를 자아낸다.

이와 같이 요코하마는 과거와 현대가 공존하는 매력적인 도시로, 다양한 명소와 문화적 유산을 통해 일본의 역사와 현대적 발전을 동시에 체험할 수 있는 곳이다.

ぜひ
参加して
ください。

| 학습내용 | 동사 て형
| 기본회화 | サークルの仲間たちと模擬店を出したり、

ステージでパフォーマンスをしたりします。

미나와 아유무, 겐토가 대학축제에 대해 이야기하고 있습니다.

ミナ 歩夢さん、今年の学祭はいつですか。

歩夢 11月で、三日間くらいです。

ミナ 学祭では何をしますか。

歩夢 ゼミやサークルの仲間たちと模擬店を出したり、

ステージで演奏やパフォーマンスをしたりします。

健人 今年も模擬店を出して、ゼミ生のみんなとたくさんの

思い出を作りたいです。

ミナさんもぜひ参加してくださいね。

ミナ ええ、ありがとうございます。

ぜひ参加します。

단어

今年(ことし) 올해	何(なに) 무엇	模擬店(もぎてん) 모의점	みんな 모두
学祭(がくさい) 대학축제	する 하다	出(だ)す 내다	たくさん 많음
いつ 언제	ゼミ 세미나 수업	~たり ~하거나	思(おも)い出(で) 추억
~月(がつ) ~월	~や ~이나	ステージ 스테이지	作(つく)る 만들다
~で ~이고, ~에서	サークル 서클	演奏(えんそう) 연주	参加(さんか) 참가
三日間(みっかかん) 3일간	仲間(なかま) 동료	パフォーマンス 퍼포먼스	
~くらい ~정도	~たち ~들	ゼミ生(せい) 세미나 수업 학생	

1 동사 활용 て・たり

	기본형	〜て	〜たり
5단동사	書く 쓰다	書いて	書いたり
	泳ぐ 헤엄치다	泳いで	泳いだり
	会う 만나다	会って	会ったり
	待つ 기다리다	待って	待ったり
	乗る 타다	乗って	乗ったり
	死ぬ 죽다	死んで	死んだり
	遊ぶ 놀다	遊んで	遊んだり
	読む 읽다	読んで	読んだり
	話す 대화하다	話して	話したり
	* 行く 가다	行って	行ったり
1단동사	起きる 일어나다	起きて	起きたり
	見る 보다	見て	見たり
	食べる 먹다	食べて	食べたり
	寝る 자다	寝て	寝たり
변격동사	来る 오다	来て	来たり
	する 하다	して	したり

① 5단동사: 「て・た・たり」가 연결될 때는 '음편형'에 연결됩니다.

음편형 ※5단동사에만 적용됩니다.

어미가 く / ぐ ▶ いて / いで (い음편)

う, つ, る ▶ って (촉음편)

ぬ, ぶ, む ▶ んで (발음편) ※ん의 음편에는 반드시 で를 붙입니다.

す ▶ して

단, 「いく(가다)」는 「いって」입니다.

예　かく ▶ かいて　　　かう ▶ かって
　　しぬ ▶ しんで　　　だす ▶ だして

> ●주의●
> 어미가「〜く」인 동사는「く」를
> 「い」로 바꾸고「て」를 붙입니다.

2 1단동사: ます형에 て를 붙입니다.

예　みる ▶ みて

3 변격동사: 활용에 규칙이 없습니다.

예　くる ▶ きて　　　　する ▶ して

2 동사 て　〜하고, 〜해서

예　友だちに会って、映画を見に行きました。　친구를 만나서 영화를 보러 갔습니다.
　　バスに乗って、ソウルを見物しました。　버스를 타고 서울을 구경했습니다.

3 동사 てください　〜하세요

예　ちょっと待ってください。　잠깐 기다려 주세요.
　　大きい声で読んでください。　큰 소리로 읽으세요.

4 동사 たり　동사 たりする　〜하기도 하고 〜하기도 한다

두개의 동작을 열거할 때 사용합니다.

예　本を読んだり休んだりします。　책을 읽기도 하고 쉬기도 합니다.
　　美術館へ行ったりおいしい物を食べたりしました。
　　미술관에 가기도 하고 맛있는 것을 먹기도 했습니다.

단어

バス 버스	見物(けんぶつ)する 구경하다	声(こえ) 목소리	美術館(びじゅつかん) 미술관
ソウル 서울	ちょっと 좀, 잠시	休(やす)む 쉬다	

1 **学祭** 대학축제
　がくさい

대학축제를 가리키는 「**学園祭**」의 회화체입니다.
　　　　　　　　　がくえんさい

2 **模擬店** 모의점
　も　ぎ　てん

대학축제 등에서 간이로 만든 음식점을 말합니다.

3 **いつですか** 언제입니까

언제인지 분명하지 않은 날짜에 대해 묻는 말입니다.

4 **날짜**

〈월〉

1월	2월	3월	4월	5월
いちがつ 1月	にがつ 2月	さんがつ 3月	しがつ 4月	ごがつ 5月
6월	7월	8월	9월	10월
ろくがつ 6月	しちがつ 7月	はちがつ 8月	くがつ 9月	じゅうがつ 10月
11월	12월	몇 월		
じゅういちがつ 11月	じゅうにがつ 12月	なんがつ 何月		

〈일〉

1일	2일	3일	4일	5일
ついたち 1日	ふつか 2日	みっか 3日	よっか 4日	いつか 5日
6일	7일	8일	9일	10일
むいか 6日	なのか 7日	ようか 8日	ここのか 9日	とおか 10日
11일	12일	13일	14일	15일
じゅういちにち 11日	じゅうににち 12日	じゅうさんにち 13日	じゅうよっか 14日	じゅうごにち 15日
16일	17일	18일	19일	20일
じゅうろくにち 16日	じゅうしちにち 17日	じゅうはちにち 18日	じゅうくにち 19日	はつか 20日
21일	22일	23일	24일	25일
にじゅういちにち 21日	にじゅうににち 22日	にじゅうさんにち 23日	にじゅうよっか 24日	にじゅうごにち 25日
26일	27일	28일	29일	30일
にじゅうろくにち 26日	にじゅうしちにち 27日	にじゅうはちにち 28日	にじゅうくにち 29日	さんじゅうにち 30日
31일	며칠			
さんじゅういちにち 31日	なんにち 何日			

1 〈보기〉와 같이 문장을 완성한 후 소리 내어 읽어 보세요.

보기　カフェへ行く・勉強する

　　　▶ カフェへ行って、勉強しました。

① 家へ帰る・掃除をする

▶ _____

② 友だちに会う・買い物をする

▶ _____

③ 京都へ行く・金閣寺を見る

▶ _____

④ コーヒーを買う・会社へ行く

▶ _____

2 아래 네모 모양에서 표현을 골라 문장을 완성한 후 물음에 답하세요.

보기　A: 学園祭で何をしましたか。

　　　B: (部活の 仲間たちと模擬店を出す・ステージで演奏をする)

　　　　部活の仲間たちと模擬店を出したりステージで演奏をしたりしました。

단어

掃除(そうじ) 청소　　　　　　　会社(かいしゃ) 회사

金閣寺(きんかくじ) 금각사(일본 사찰명)　　学園祭(がくえんさい) 학교축제

ゲームをする	歌を歌う	演劇を見る	模擬店を出す
演奏をする	テニスをする	ダンスをする	

① A: 学園祭で何をしましたか。

B: _____

掃除をする	映画を見る	買い物をする	野球を見る
おいしい物を食べる	美術館へ行く	コンサートに行く	

② A: 日曜日に何をしましたか。

B: _____

3 〈보기〉와 같이 바꾼 후 소리 내어 읽어 보세요.

보기　今、会議中です。(静かにする)

▶ 今、会議中です。静かにしてください。

① 準備中です。(もう少し待つ)　　▶ _____

② もう時間です。(ドアを開ける)　　▶ _____

③ 今週は試験です。(来週電話する)　▶ _____

④ 朝早いです。(早く寝る)　　▶ _____

단어

ゲーム 게임	**ダンス** 댄스	**時間**(じかん) 시간
歌(うた) 노래	**会議中**(かいぎちゅう) 회의 중	**開**(あ)**ける** 열다
歌(うた)**う** 부르다	**準備**(じゅんび) 준비	**今週**(こんしゅう) 이번 주
演劇(えんげき) 연극	**もう** 벌써, 이미	**試験**(しけん) 시험

183

4 다음 괄호 안에 조사를 넣고 소리 내어 읽어 보세요.

① 公園(　　　)バドミントン(　　　)しました。

② デパート(　　　)買い物(　　　)行きました。

③ 友だち(　　　)会って、コンサート(　　　)行きました。

④ 図書館(　　　)本(　　　)読んだりインターネット(　　　)したりします。

5 아래의 표를 보고 물음에 답하세요.

	시기	기간
学園祭	5月	3日
ぎおん祭り	7月	2日
春場所	3月	15日
雪祭り	2月	2週間
オリンピック	9月	16日

보기　A: 学園祭はいつですか。

　　　B: 5月で、3日間です。

① A: ぎおん祭りはいつですか。

　　 B:

단어

バドミントン 배드민턴　　　　春場所(はるばしょ) 하루바쇼(스모대회)　　　オリンピック 올림픽
ぎおん祭(まつ)り 기온마쓰리(일본전통축제)　　雪祭(ゆきまつ)り 눈축제

② A: 春場所はいつですか。

B: _____

③ A: 雪祭りはいつですか。

B: _____

④ A: オリンピックはいつですか。

B: _____

---

6 자기소개 글을 쓰고 발표해 보세요. (10문장 이상, 명사문, 형용사, 동사 사용)

_____

_____

_____

_____

_____

_____

_____

_____

일본의 전통문화(2)

무더위와 함께 곳곳에서 마쓰리(祭り)로 떠들썩하다. 시우와 미나는 친구들과 함께 직접 마쓰리에 참여해 보기로 했다.

마쓰리

자본주의가 고도로 발전한 현대 사회에서 개인의 삶은 계절을 느낄 새도 없이 앞만 보고 달리는 것처럼 느껴진다. 그런 단조로운 일상을 잠시 멈추었다가 다시 일상을 살아갈 힘을 얻기 위한 '일탈'이 '마쓰리'가 아닐까? 일본은 마쓰리의 나라라고 해도 과언이 아니다.

마쓰리는 '신으로 받들어 모신다'는 동사 '마쓰루(祭る)'에서 온 말이다. 일본에서 마쓰리의 기원은 8세기 초에 성립한 『고지키(古事記)』에 기록된 '아마테라스오미카미(天照大御神)' 신화에서 찾을 수 있다. '아마노이와토(天岩戸)' 동굴에 숨어버린 태양신 아마테라스를 다시 밖으로 불러내기 위해, 동굴 입구에서 신들이 성대하게 잔치를 한 데서 시작되었다고 일컫는다.

신사가 주관하는 마쓰리에서 중요한 의식인 신사(神事)의 대부분은 원래 야간에 행해졌으나 점차로 낮시간으로 바뀌어 갔으며 에도 시대 이후에 대중화되어 오락과 지역 공동체의 교류를 위한 장이라는 의식이 싹텄다.

현대의 마쓰리는 신사(神社)나 사찰이 주체가 되는 종교적인 의식뿐 아니라, 주로 상업적 목적으로 행해지는 다양한 지역 축제도 포함되는데, 궁극적인 취지는 신께 감사하는 마음으로 신을 기쁘게 하기 위해 정성껏 받들어 마을 공동체의 안녕과 풍요를 비는 것이라 할 수 있다. 그런 바람을 담은 것이 마쓰리의 절차에 나타난다.

마쓰리의 절차

마쓰리의 형식은 매우 다양한데, 신사가 주관하는 마쓰리의 기본적인 절차는 다음과 같다.

1) '가미(神)'를 맞이하기 위해 주변을 깨끗이 하는 '하라이(祓い)'

마쓰리를 행하는 중심 장소에 제단이 마련되는데, 제단과 그 주변을 깨끗이 하는 정화 의식을 '하라이'라고 한다. 신사의 신직(神職, 일본에서 제도상 신관은 존재하지 않음)인 '간누시(神主)'는 신성한 나뭇가지나 막대기 끝에 길게 자른 흰 종이 또는 금·은·오색종이나 천을 끼운 의례용 도구인 '고헤이(御幣)'를 흔들어 부정을 씻는다.

2) 신을 맞이하는 역할을 하는 사람의 부정을 씻어내는 목욕재계(沐浴斎戒)인 '미소기(禊)'

계(禊)라는 글자에는 액운을 떨치기 위해 물가에서 지내는 제사란 뜻이 있다. '미소기'는 강물이나 바닷물, 정화된 물에 들어가 몸과 마음을 깨끗이 하는 의식이다. 일본 신화에서 최초의 남신으로 등장하는 '이자나기(伊邪那岐)'가 아내인 '이자나미(伊邪那美)'를 찾아 황천에 갔다가 다시 지상으로 나와 액운을 씻어내기 위해 목욕을 한 데서 비롯된다.

각 지역의 신사에서 모시는 지역신은 뿌리가 같은 집단의 신인데, 이런 신을 '우지가미(氏神)'라 하고, 그런 신의 가호를 받아 사는 이들을 우지가미의 자식이라 하여 '우지코(氏子)'라고 한다. 간누시와 함께 마쓰리에서 신을 맞이하는 주체이다.

▲ 야마구치 가스가(春日) 신사의 '다이칸(大寒) 미소기'
(사진 제공: 스후시 문화스포츠 관광교류부 관광진흥과)

3) 신을 맞이하여 음식을 대접하는 '신센(神饌)'과 신을 기쁘게 하기 위한 예능 공연인 '가구라(神楽)'

신을 맞이하여 대접할 때 정성껏 마련한 음식을 '신센'이라 한다. 농경문화가 중심인 만큼 쌀과 술, 소금, 물을 기본으로 채소와 과일, 곡식, 어패류, 떡 등이 더해진다. 이때 올리는 술을 '미키(神酒)'라 하며, 지역에 따라 종류는 다양하며 주로 청주를 사용한다. 정성을 다하여 최고의 음식으로 신을 대접했다면 그 다음은 신을 기쁘게 해드리는 공연이 마련된다. 가장 대표적인 가무(歌舞)가 '가구라'이다.

▲ '가구라'의 한 장면

4) 신의 순행을 위한 '미코시(神輿)'와 '다시(山車)'

신을 배부르게 대접하고 흥겨운 공연으로 즐겁게 하였으면, 이제 너그러운 신의 가호를 위한 마을 순행을 해야 한다. 이것은 신께서 마을을 둘러보고 집집마다 또는 상점마다 축복을 내려준다고 믿기 때문이다. 신전 모양으로 여러 사람이 메도록 만든 가마인 '미코시(御輿)'나 바퀴가 달린 수레인 '다시(山車)'에 신을 모시고 행렬을 하는데, 마쓰리의 절정이라 할 수 있다. 미코시와 다시의 크기나 장식물 등은 마쓰리에 따라 다양하며, 그 자체로 좋은 볼거리가 된다. 또 미코시는 신 전용이라 사람을 태우지 못하지만 다시는 가능하다. 다시는 간토(関東)에서 주로 사용하는 말이며, 간사이(関西) 지역에서는 '단지리(だんじり, 한자로는 檀尻・楽車로도 표기)'라 한다. 또 다시의 일종으로 산 모양의 장식대에 창이나 칼을 꽂은 '야마보코(山鉾)'도 있는데, 교토 기온마쓰리의 거대한 야마보코가 특히 유명하다. 같은 모양의 옷을 입고 머리띠를 두른

지역의 젊은이들이 기합 소리와 함께 힘을 합쳐 신의 순행을 도우며 힘차게 행진하는 모습에 보는 사람들도 일상과는 다른 활력을 느끼게 된다.

5) 신의 세계로 돌아가는 신을 배웅하고, 음복하는 '나오라이(直会)'

신이 사는 곳은 신사가 아니다. 신은 마쓰리 때만 인간 세계에 강림하는 것이다. 평소의 '일상'과 달리 특정한 기간에 신이 강림하면 사람들은 마쓰리를 열어 극진히 대접하고 다시 신의 세계로 보내드려야 한다. 그리고 마쓰리를 주관하였던 사람들이 모여 신께 바쳤던 음식과 술을 나누어 먹는 음복을 한다. 이를 '나오라이'라고 하는데, 원래의 생활로 돌아간다는 뜻의 '나오루(直る)'와 만난다는 뜻의 '아우(会う)'가 합쳐진 말이다. 제사 뒤의 음복이 갖는 의미와 마찬가지로, 나오라이는 단순한 뒤풀이가 아니라 신께 바친 음식을 나누어 먹음으로써 신력(神力)이 내 안에 깃들어 '신과 함께' 다시 일상을 살아가는 힘을 얻는 것이다.

일본의 3대 마쓰리

일본 전역에서 지역에 기반하여 개최되는 크고 작은 마쓰리는 약 30만 건을 웃돈다고 한다. 그 가운데 유서가 깊고 큰 규모로 유명한 마쓰리는 교토의 기온마쓰리, 오사카의 덴진마쓰리, 도쿄의 간다마쓰리이다.

1) 기온마쓰리(祇園祭)

기온마쓰리는 천 년 이상의 역사를 가진 교토 야사카(八坂) 신사의 제례이다. 7월 한 달 동안 행해지며 주요행사는 17일부터 25일에 행해진다.

기온마쓰리의 유래는 '기온고료에(祇園御靈会)'에 있다. 863년에 교토를 비롯하여 일본 각지에서 역병이 유행했고 대지진과 후지산(富士山) 분화 등 재액이 연이어 발생하자 869년에 그 구제를 위해 66개의 창을 세우고 야사카 신사에서 신센엔(神泉苑) 사찰에 미코시 3채를 보내 영혼을 위로하며 고료에를 지냈다. 이것이 훗날 창에 수레를 덧붙이고 장식하여 교토를 행진하면서 기온마쓰리로 발전하였다.

10일부터 사흘 동안 야마보코 조립을 한다. 13일에는 25m의 긴 창을 세운 호코인 '나기나카보코(長刀鉾)'에 탈 어린아이 '지고(稚兒)'가 선발되어 야사카 신사에 참배를 한다. 14일~16일에는 전야제가 행해지고 17일에는 최대의 퍼레이드인 야마보코 순행(巡行)이 행해진다. 오전 9시 나기나타보코를 선두로 32채의 야마보코 행렬이 교토 거리를 메우는데 이 야마보코 순행은 유네스코 무형문화유산에도 등록되었다.

▲ 기온마쓰리의 야마보코 순행
(사진 제공: 교토 무료 사진 소재집 사이트)

17일 저녁에 행해지는 '신코사이(神幸祭)'는 세 채의 신령을 태운 미코시가 야사카 신사를 출발하여 '오타비쇼(御旅所)'까지 가는 의식인데, 오타비쇼란 신이 신사에서 나와 인간 세상에서 잠시 머무는 장소를 뜻한다. 가는 도중에 교토 거리를 돌면서 지나는 마을마다 축복을 내려주고 7일 동안 오타비쇼에 머무른다.

인간 세상에 잠시 머물던 신은 이제 다시 미코시를 타고 신사로 돌아가야 한다. 이 의식을 '간코사이(還幸祭)'라고 한다. 24일 밤 신이 타고 있던 미코시가 신사 본전에 안치되면 경내는 모든 불이 꺼져 찜찜하게 되는데 이로써 신이 무사히 신사로 돌아왔음을 알리며 간코사이가 마무리된다.

28일에 거행하는 미코시 정화 의식을 거쳐 31일 신사에서 마무리 제사를 올린 후 기온마쓰리는 막을 내린다.

2) 덴진마쓰리(天神祭)

우리나라와 마찬가지로 일본 역시 대입 등 각종 시험을 앞두고 붐비는 곳이 바로 학문의 신으로 추앙받는 스가와라노 미치자네(菅原道眞, 845~903)를 섬기는 덴만구(天滿宮)이다.

◀ 오사카 덴만구

▲ 후나토교
(사진 제공: 오사카 덴만구 공식 사이트)

　　오사카 덴만구가 주최하는 덴진마쓰리는 덴만구 건립 후 2년 뒤인 951년부터 시작되었다고 전한다. 오가와(大川)라는 강에 '가미보코(神鉾)'를 흘려보내서 창이 도착한 곳을 신이 머무는 오타비쇼로 정하여 제장으로 삼았다고 한다. 이 창을 흘려보낸 것이 '호코나가시신지(鉾流神事)'의 기원이다. 또 몸을 씻어 부정을 없애는 '미소기하라이' 의식을 행하면서 주변 사람들이 제장으로 보낸 배를 맞이하는 의식이 장대한 '후나토교(船渡御)'의 기원이라 전한다.

　　현재 덴진마쓰리는 7월 24일과 25일 이틀 동안 거행된다. 덴만구에서 우선 제사를 올리고 오전 9시경에는 호코나가시신지가 시작된다. 이후 오사카 시내에서 역사적 인물을 형상화한 거대 인형, 사자춤, 우산춤 등의 퍼레이드가 행해진다. 25일에는 지역 주민의 평안을 위한 제사 후에 황금 봉황을 장식한 미코시에 제신인 스가와라노 미치자네의 신령을 봉안한다. 오후에는 후나토교 승선장까지 이동하는 행렬에는 약 3,000명이 참가하여 성황을 이룬다.

　　이후 100척 가까이 되는 대규모 선단이 이끄는 후나토교 행사가 거행되는데, 강을 건너는 도중에 수상제로서 무대가 설치된 배 안에서 가구라를 공연하고 불꽃놀이도 하는 등 물과 불이 어우러진 화려한 모습을 자랑한다. 후나토교를 마치면 모두 덴만구로 돌아와 본전에서 간고사이를 거행하면서 마쓰리를 마친다.

3) 간다마쓰리(神田祭)

유시마 성당의 북측에 자리한 '간다묘진(神田明神)'을 제사하는 간다마쓰리는 에도 시대부터 히에(日枝)신사의 '산노곤겐(山王権現)'의 예제(例祭)인 '산노마쓰리(山王祭)'와 함께 '덴카마쓰리(天下祭り)'라 불렸다. 에도성에서 화려한 다시의 행렬을 쇼군이 상세히 보는 데서 비롯된 호칭이었다. 그만큼 화려하고 성대하여 당시 사람들이 가장 열광하던 마쓰리였다.

간다묘진은 신사의 전승에 따르면 덴표(天平) 2년인 730년에 창건되었다고 한다. 제신은 '오나무치노미코토(大己貴命)'와 '스쿠나히코노미코토(少彦名命)' 그리고 헤이안 중기 무장으로 조정에 대해 반란을 일으켰다가 처형된 다이라노 마사카도(平将門, ?~ 940)를 제신으로 합치고 에도의 '소친주(総鎮守)'로 여겨지면서 막부는 물론 서민들의 깊은 숭경의 대상이 되었다. 그 역사를 이어받아 지금은 도쿄의 수호신으로서 도쿄 중심 108정(町)의 '우지가미(氏神)'로 받

▲ 간다묘진

들어 지고 있다. 모모야마(桃山) 양식의 웅장하고 화려한 사전(社殿)은 도쿠가와 막부가 건설했는데, 1923년 간토대지진으로 소실되어, 1934년에 철근 콘크리트로 재건되었다.

메이지 전기까지만 해도 간다마쓰리는 40대가 넘는 '다시'가 있었을 정도로 에도 시대와 마찬가지로 성대하게 행해졌다. 그러나 메이지 중반 이후부터는 태풍의 영향으로 9월에서 5월로 행사일이 변경되었고, 불경기와 전차 운행에 방해가 된다는 이유로 다시를 점차 사용되지 않게 되었다. 대신 각 마을이 경쟁적으로 화려한 미코시를 만들었다. 이것이 이후 간다마쓰리의 가장 큰 볼거리가 되었다.

다시의 행렬은 볼 수 없지만 토요일에는 우지가미를 태운 미코시 세 채가 아침 8시에 간다신사를 출발하여 108개 마을을 돌며 축복을 내려주고, 일요일에는 각 마을에 90여 채의 미코시가 신사로 들어가면서 간다마쓰리는 절정을 이룬다.

MEMO

MEMO

히라가나 &
가타카나 노트

● 히라가나

단 행	あ단	い단	う단	え단	お단
あ행	あ a	い i	う u	え e	お o
か행	か ka	き ki	く ku	け ke	こ ko
さ행	さ sa	し shi	す su	せ se	そ so
た행	た ta	ち chi	つ tsu	て te	と to
な행	な na	に ni	ぬ nu	ね ne	の no
は행	は ha	ひ hi	ふ hu	へ he	ほ ho
ま행	ま ma	み mi	む mu	め me	も mo
や행	や ya		ゆ yu		よ yo
ら행	ら ra	り ri	る ru	れ re	ろ ro
わ행	わ wa				を o
ん	ん N				

● 가타카나

단 행	ア단	イ단	ウ단	エ단	オ단
ア행	ア a	イ i	ウ u	エ e	オ o
カ행	カ ka	キ ki	ク ku	ケ ke	コ ko
サ행	サ sa	シ shi	ス su	セ se	ソ so
タ행	タ ta	チ chi	ツ tsu	テ te	ト to
ナ행	ナ na	ニ ni	ヌ nu	ネ ne	ノ no
ハ행	ハ ha	ヒ hi	フ hu	ヘ he	ホ ho
マ행	マ ma	ミ mi	ム mu	メ me	モ mo
ヤ행	ヤ ya		ユ yu		ヨ yo
ラ행	ラ ra	リ ri	ル ru	レ re	ロ ro
ワ행	ワ wa				ヲ o
ン	ン N				

● あ행, か행

あ a	い i	う u	え e	お o
あ	い	う	え	お

か ka	き ki	く ku	け ke	こ ko
か	き	く	け	こ

あい 사랑	あい	
かお 얼굴	かお	
こえ 목소리	こえ	
くうき 공기	くうき	
いけ 연못	いけ	

● さ행, た행

さ sa	し shi	す su	せ se	そ so
さ	し	す	せ	そ

た ta	ち chi	つ tsu	て te	と to
た	ち	つ	て	と

さとう 사토(일본인의 성)	さとう			
すし 초밥	すし			
たこ 문어	たこ			
つき 달	つき			
とけい 시계	とけい			

な na	に ni	ぬ nu	ね ne	の no
な	に	ぬ	ね	の

は ha	ひ hi	ふ hu	へ he	ほ ho
は	ひ	ふ	へ	ほ

なか 안	なか	
ねこ 고양이	ねこ	
はし 젓가락	はし	
ひと 사람	ひと	
ほし 별	ほし	

● ま행, や행

ま ma	み mi	む mu	め me	も mo
ま	み	む	め	も

や ya	ゆ yu	よ yo		
や	ゆ	よ		

みみ 귀	みみ		
もち 떡	もち		
ゆめ 꿈	ゆめ		
やま 산	やま		
へや 방	へや		

● ら행, わ행, ん

ら	り	る	れ	ろ
ra	ri	ru	re	ro
ら	り	る	れ	ろ

わ	を	ん		
wa	o	N		
わ	を	ん		

ゆり 백합	ゆり		
よる 밤	よる		
わんわん 멍멍	わんわん		
ほんを 책을	ほんを		

き ゃ	き ゅ	き ょ	きょうしつ
kya	kyu	kyo	교실

し ゃ	し ゅ	し ょ	しゅうしょく
sha	shu	sho	취직

ち ゃ	ち ゅ	ち ょ	おちゃ
cha	chu	cho	차

に ゃ	に ゅ	に ょ	にゅうがく
nya	nyu	nyo	입학

ひ ゃ	ひ ゅ	ひ ょ	ひょう
hya	hyu	hyo	표

み ゃ	み ゅ	み ょ	みゃく
mya	myu	myo	맥

り ゃ	り ゅ	り ょ	りょこう
rya	ryu	ryo	여행

ぎ ゃ	ぎ ゅ	ぎ ょ	ぎょうざ
gya	gyu	gyo	교자(만두)

じ ゃ	じ ゅ	じ ょ	じゅう
ja	ju	jo	십(10)

び ゃ	び ゅ	び ょ	びょういん
bya	byu	byo	병원

ぴ ゃ	ぴ ゅ	ぴ ょ	ろっぴゃく
pya	pyu	pyo	육백(600)

● ア행, カ행

ア **a**	イ **i**	ウ **u**	エ **e**	オ **o**
ア	イ	ウ	エ	オ

カ **ka**	キ **ki**	ク **ku**	ケ **ke**	コ **ko**
カ	キ	ク	ケ	コ

アイス 아이스	アイス	
ソウル 서울	ソウル	
カメラ 카메라	カメラ	
ケーキ 케이크	ケーキ	
コート 코트	コート	

サ sa	シ shi	ス su	セ se	ソ so
サ	シ	ス	セ	ソ

タ ta	チ chi	ツ tsu	テ te	ト to
タ	チ	ツ	テ	ト

シェフ 셰프	シェフ		
スプーン 스푼	スプーン		
タクシー 택시	タクシー		
テレビ 텔레비전	テレビ		
トイレ 화장실	トイレ		

● ナ행, ハ행

ナ na	ニ ni	ヌ nu	ネ ne	ノ no
ナ	ニ	ヌ	ネ	ノ

ハ ha	ヒ hi	フ hu	ヘ he	ホ ho
ハ	ヒ	フ	ヘ	ホ

ナイフ 나이프	ナイフ		
ニュース 뉴스	ニュース		
ノート 노트	ノート		
ハート 하트	ハート		
ホテル 호텔	ホテル		

マ	ミ	ム	メ	モ
ma	**mi**	**mu**	**me**	**mo**
マ	ミ	ム	メ	モ

ヤ	ユ	ヨ		
ya	**yu**	**yo**		
ヤ	ユ	ヨ		

ミルク 밀크	ミルク		
メール 메일	メール		
モデル 모델	モデル		
ヤシ 야자	ヤシ		
ヨガ 요가	ヨガ		

● ラ행, わ행, ン

ラ	リ	ル	レ	ロ
ra	ri	ru	re	ro
ラ	リ	ル	レ	ロ

ワ	ヲ	ン		
wa	o	N		
ワ	ヲ	ン		

ラーメン 라면			
レストラン 레스토랑			
ロッカー 로커			
ワンピース 원피스			
パン 빵			

16

02

한자
쓰기노트

● 한자의 음과 획순을 알아봅시다.

学	何	年	語	国
학 / がく	하 / か	년 / ねん	어 / ご	국 / こく

● 한자어를 직접 써 봅시다.

学生 がく せい 학생	学生			
先生 せん せい 선생(선생님)	先生			
何年生 なん ねん せい 하년생(몇 학년)	何年生			
何学部 なに がく ぶ 하학부(무슨 학부)	何学部			
学科 がっ か 학과	学科			

日本 に ほん 일본	日本			
日本人 に ほん じん 일본인	日本人			
日本語 に ほん ご 일본어	日本語			
韓国 かん こく 한국	韓国			
韓国人 かん こく じん 한국인	韓国人			
中国 ちゅう ごく 중국	中国			
中国人 ちゅう ごく じん 중국인	中国人			
人 ひと 인(사람)	人			
私 わたし 사(나,저)	私			
友だち とも 우(친구)	友だち			

● 한자의 음과 획순을 알아봅시다.

後	輩	無	家	授
후/こう·ご	배/はい	무/む	가/か	수/じゅ

● 한자어를 직접 써 봅시다.

学生用 がく せい よう	学生用			
학생용				
年間 ねん かん	年間			
연간				
先輩 せん ぱい	先輩			
선배				
後輩 こう はい	後輩			
후배				
無料 む りょう	無料			
무료				

有料 ゆうりょう 유료	有料			
授業 じゅぎょう 수업	授業			
昨日 きのう 작일(어제)	昨日			
東京 とうきょう 동경(도쿄)	東京			
京都 きょう　と 경도(교토)	京都			
休み やす 휴(쉼)	休み			
本 ほん 본(책)	本			
日 ひ 일(해,날)	日			
家 いえ 가(집)	家			
誰 だれ 수(누구)	誰			

● 한자의 음과 획순을 알아봅시다.

上	右	車	教	電
상 / じょう	우 / ゆう	차 / しゃ	교 / きょう	전 / でん

● 한자어를 직접 써 봅시다.

上 うえ	上			
상(위)				
下 した	下			
하(아래)				
右 みぎ	右			
우(오른쪽)				
左 ひだり	左			
좌(왼쪽)				
中 なか	中			
중(안)				

前 まえ 전(앞)	前			
後ろ うし 후(뒤)	後ろ			
木 き 목(나무)	木			
車 くるま 차	車			
花 はな 화(꽃)	花			
食堂 しょくどう 식당	食堂			
教室 きょうしつ 교실	教室			
銀行 ぎんこう 은행	銀行			
電話 でんわ 전화	電話			
時計 とけい 시계	時計			

● 한자의 음과 획순을 알아봅시다.

多	長	気	画	活
다 / た	장 / ちょう	기 / き	화·획 / が·かく	활 / かつ

● 한자어를 직접 써 봅시다.

大きい おお 대(크다)	大きい			
多い おお 다(많다)	多い			
青い あお 청(파랗다)	青い			
長い なが 장(길다)	長い			
広い ひろ 광(넓다)	広い			

明るい あか 명(밝다)	明るい			
高い たか 고(높다, 비싸다)	高い			
安い やす 안(싸다)	安い			
辛い から 신(맵다)	辛い			
暑い あつ 서(덥다)	暑い			
毎日 まいにち 매일	毎日			
今日 きょう 금일(오늘)	今日			
天気 てん き 천기(날씨)	天気			
映画 えい が 영화	映画			
生活 せい かつ 생활	生活			

● 한자의 음과 획순을 알아봅시다.

円	静	便	絶	通
원 / えん	정 / じょう	편 / べん	절 / せつ	통 / つう

● 한자어를 직접 써 봅시다.

円 えん	円			
원(엔)				
好き す	好き			
호(좋아함)				
静か しず	静か			
정(조용함)				
有名 ゆう めい	有名			
유명				
便利 べん り	便利			
편리				

上手 じょう ず 상수(능숙함)	上手			
親切 しん せつ 친절	親切			
丈夫 じょう ぶ 장부(튼튼함)	丈夫			
公園 こう えん 공원	公園			
学校 がっ こう 학교	学校			
店 みせ 점(가게)	店			
交通 こう つう 교통	交通			
画面 が めん 화면	画面			
日曜日 にち よう び 일요일	日曜日			
美化語 び か ご 미화어	美化語			

● 한자의 음과 획순을 알아봅시다.

泳	步	待	読	乗
영/えい	보/ほ	대/たい	독/どく	승/じょう

● 한자어를 직접 써 봅시다.

行く い 행(가다)	行く			
会う あ 회(만나다)	会う			
見る み 견(보다)	見る			
泳ぐ およ 영(헤엄치다)	泳ぐ			
歩く ある 보(걷다)	歩く			

話す は な 화(이야기하다)	話す			
待つ ま 대(기다리다)	待つ			
読む よ 독(읽다)	読む			
来る く 래(오다)	来る			
乗る の 승(타다)	乗る			
食べる た 식(먹다)	食べる			
起きる お 기(일어나다)	起きる			
電車 でん しゃ 전차(전동차)	電車			
午前 ご ぜん 오전	午前			
大変 たい へん 대변(힘듦)	大変			

● 한자의 음과 획순을 알아봅시다.

飲	登	寝	遊	旅
음 / いん	등 / とう	침 / しん	유 / ゆう	여(려) / りょ

● 한자어를 직접 써 봅시다.

飲む の 음(마시다)	飲む			
休む やす 휴(쉬다)	休む			
登る のぼ 등(오르다)	登る			
寝る ね 침(자다)	寝る			
遊ぶ あそ 유(놀다)	遊ぶ			

忙しい いそが 망(바쁘다)	忙しい			
山 やま 산	山			
ご飯 はん 반(밥)	ご飯			
お茶 ちゃ 차	お茶			
運動 うん どう 운동	運動			
図書館 と しょ かん 도서관	図書館			
散歩 さん ぽ 산보(산책)	散歩			
旅行 りょこう 여행	旅行			
買い物 か　もの 매물(물건사기)	買い物			
料理 りょう り 요리	料理			

● 한자의 음과 획순을 알아봅시다.

楽	週	末	勉	強
악·락 / がく·らく	주 / しゅう	말 / まつ	면 / べん	강 / きょう

● 한자어를 직접 써 봅시다.

音楽 おんがく 음악	音楽			
週末 しゅうまつ 주말	週末			
今週 こんしゅう 금주(이번 주)	今週			
実家 じっか 실가(본가)	実家			
勉強 べんきょう 면강(공부)	勉強			

野球 やきゅう 야구	野球			
資料 しりょう 자료	資料			
部活 ぶかつ 부활(동아리활동)	部活			
明日 あした 명일(내일)	明日			
一番 いちばん 일번(가장)	一番			
服 ふく 복(옷)	服			
聞く き 문(듣다)	聞く			
一人 ひとり 일인(한 사람)	一人			
新しい あたら 신(새롭다)	新しい			
帰る かえ 귀(돌아오다)	帰る			

● 한자의 음과 획순을 알아봅시다.

以	試	驗	吸	酒
이/い	시/し	험/けん	흡/きゅう	주/しゅ

● 한자어를 직접 써 봅시다.

本当 ほんとう	本当			
본당(정말)				
先月 せんげつ	先月			
선월(지난달)				
日記 にっき	日記			
일기				
去年 きょねん	去年			
거년(작년)				
以上 いじょう	以上			
이상				

試験 し けん 시험	試験			
知る し 지(알다)	知る			
入る はい 입(들어가다)	入る			
吸う す 흡(피우다)	吸う			
朝 あさ 조(아침)	朝			
雨 あめ 우(비)	雨			
酒 さけ 주(술)	酒			
時 とき 시(때)	時			
土曜日 ど よう び 토요일	土曜日			
教科書 きょう か しょ 교과서	教科書			

● 한자의 음과 획순을 알아봅시다.

開	歌	間	準	備
개 / かい	가 / か	간 / かん	준 / じゅん	비 / び

● 한자어를 직접 써 봅시다.

出す だ	出す			
출(내다)				
思う おも	思う			
사(생각하다)				
開ける あ	開ける			
개(열다)				
作る つく	作る			
작(만들다)				
歌う うた	歌う			
가(노래하다)				

声 こえ 성(소리)	声			
仲間 なかま 중간(동료)	仲間			
掃除 そうじ 소제(청소)	掃除			
見物 けんぶつ 견물(구경)	見物			
準備 じゅんび 준비	準備			
参加 さんか 참가	参加			
演奏 えんそう 연주	演奏			
会議 かいぎ 회의	会議			
学園祭 がくえんさい 학원제(학교축제)	学園祭			
美術館 びじゅつかん 미술관	美術館			

03

응용 회화 해석

아유무　겐토 씨, 이쪽은 김시우 씨입니다.

겐토　처음 뵙겠습니다. 다나카 겐토입니다.

　　　아무쪼록 잘 부탁해요.

시우　처음 뵙겠습니다. 저는 김시우입니다.

　　　저야말로 잘 부탁합니다.

겐토　시우 씨는 무슨 학부입니까?

시우　경영학부입니다. 다나카 씨는요?

겐토　저도 경영학부이고, 3학년입니다.

　　　시우 씨는 몇 학년입니까?

시우　저는 2학년입니다.

겐토　이 로커는 학생용입니다.

　　　1년간 무료입니다.

미나　허, 무료입니까?

겐토　네. 미나 씨의 로커는 이것입니다.

미나　아, 감사합니다.

　　　저, 저것은 겐토 씨의 로커입니까?

겐토　아니요, 저의 로커가 아닙니다.

　　　아유무 씨의 것입니다.

미나　저기, 겐토 씨와 아유무 씨는 친구입니까?

겐토　아니요, 친구가 아닙니다.

　　　아유무 씨는 서클 후배입니다.

아유무　여기가 학식입니다.

미나　사람이 많이 있네요.

아유무　네, 그렇네요. 아, 저기에 겐토 씨가 있습니다.

미나　어디입니까?

아유무　카운터 앞입니다.

　　　저, 카운터는 저쪽입니다.

　　　……………

미나　저기, 오늘 날마다 바뀌는 메뉴는 무엇입니까?

아유무　불고기덮밥입니다. 미나 씨, 학식머니는 있습

　　　니까?

미나　아니요, 없습니다.

아유무　그럼, 오늘은 제가 한턱내겠습니다.

겐토　미나 씨, 대학생활은 어떻습니까?

미나　매일 바쁩니다만, 매우 즐겁습니다.

겐토　그렇습니까? 다행이네요.

　　　오늘도 바쁩니까?

미나　아니요, 오늘은 바쁘지 않습니다.

겐토　그럼 이후에 함께 밥이라도 어떻습니까?

미나　좋네요.

　　　근처에 맛있는 가게라든가 있습니까?

겐토　네, 조금 낡았지만,

　　　맛있고 싼 라면가게가 있습니다.

아유무 어서 와요. 안으로 들어와요.

미나 실례하겠습니다.

와, 매우 예쁘고 세련된 방이네요.

아유무 아니아니, 전혀 세련되지 않습니다.

미나 이것, 아사쿠사 선물입니다. 받으세요.

아유무 와, 기비단고네요. 감사합니다.

아사쿠사는 어땠습니까?

미나 가게가 많고 번화해서 즐거운 분위기였습니다.

100엔 셀프 제비도 재미있었습니다.

겐토 오늘은 1교시부터 5교시까지 풀로 수업이 있습니다.

미나 1교시부터 5교시까지요? 힘들겠네요.

1교시가 있는 날은 몇 시에 일어납니까?

겐토 어, 6시에 일어납니다.

아유무 6시 말입니까? 빠르네요.

집에서 학교까지 어느 정도 걸립니까?

겐토 전철로 1시간 반 정도 걸립니다.

아유무와 미나 씨는요?

아유무 저는 자전거로 10분 정도입니다.

미나 저는 걸어서 5분 정도입니다.

시우 겐토 씨, 어제는 무엇을 했습니까?

겐토 세미나 수업 성찰회에 갔습니다.

성찰회 후, 뒤풀이로 볼링하러 갔습니다.

시우 그렇습니까? 아유무 씨도 갔습니까?

겐토 아니요, 아유무 씨는 오지 않았습니다.

시우 씨는 어제 무엇을 했습니까?

시우 저는 미나 씨와 신오쿠보에서 한국요리를 먹었습니다.

겐토 씨도 다음 번에 함께 어떻습니까?

겐토 좋네요. 꼭!

겐토 미나 씨, 이번 주말은 무엇을 합니까?

미나 저는 친구와 영화를 보러 갑니다.

겐토 씨는요?

겐토 저는 집에서 느긋하게 쉴 작정입니다.

아유무 좋네요.

저는 시우 씨와 디즈니랜드에 갑니다.

미나 디즈니랜드요? 좋겠다.

디즈니랜드에서 무엇이 가장 하고 싶습니까?

아유무 그렇네요.

추로스를 먹으면서 퍼레이드를 보고 싶습니다.

겐토 좋네요. 나도 가고 싶다.

▸▸ 9과

미나　겐토 씨는 SNS라든가 합니까?

겐토　아니요, 하지 않습니다.

미나　블로그라든가도 하지 않습니까?

겐토　저는 SNS라든가 블로그는 전혀 하지 않습니다.

　　　하는 방법도 모르고….

아유무　저도 예전에는 하지 않았지만, 지난달부터 블로

　　　그를 시작했습니다. 아이돌 팬 블로그입니다.

겐토　앗!? 정말입니까? 몰랐다.

아유무　참 그렇게 놀라지 마세요.

▸▸ 10과

미나　아유무 씨, 올해 대학축제는 언제입니까?

아유무　11월이고, 3일간입니다.

미나　대학축제에서는 무엇을 합니까?

아유무　세미나 수업이나 서클 동료들과 모의점을 내

　　　거나, 스테이지에서 연주나 퍼포먼스를 하거나

　　　합니다.

겐토　올해도 모의점을 내서, 세미나 수업 학생 모두

　　　와 많은 추억을 만들고 싶습니다.

　　　미나 씨도 꼭 참가해 주세요.

미나　네, 감사합니다.

　　　꼭 참가하겠습니다.

연습 노트
정답 및 해석

1.

[보기] 나·한국인 ▶ 나는 한국인입니다.

① 彼は 日本人です。

② 彼女は 学生です。

③ 林さんは 1年生です。

④ イさんは 3年生です。

2.

[보기] 하야시 씨 / 입니다 / 대학생 / 는

　　　▶ 하야시 씨는 대학생입니다.

① 彼も 日本人ですか。

② 彼女は 上智大学の 学生です。

③ 林さんも 1年生ですか。

④ 私は 経営学科です。

3.

	사토 씨	다나카 씨	김 씨	왕 씨	스미스 씨
국적	일본	일본	한국	중국	미국
학교	한국대학	조치대학	주오대학	도요대학	뉴욕대학
학년	3학년	3학년	2학년	4학년	1학년
전공	물리	수학	일본어	한국어	일본사

[예] 사토 씨는 일본인입니다.

　　사토 씨는 한국대학교 학생입니다.

　　사토 씨는 3학년입니다.

　　사토 씨는 물리학과입니다.

① 田中さんは 日本人です。

　田中さんは 上智大学の 学生です。

　田中さんは 3年生です。

　田中さんは 数学科です。

② キムさんは 韓国人です。

　キムさんは 中央大学の 学生です。

　キムさんは 2年生です。

　キムさんは 日本語学科です。

③ ワンさんは 中国人です。

　ワンさんは 東洋大学の 学生です。

　ワンさんは 4年生です。

　ワンさんは 韓国語学科です。

④ スミスさんは アメリカ人です。

　スミスさんは ニューヨーク大学の 学生です。

　スミスさんは 1年生です。

　スミスさんは 日本史学科です。

4.

① 이름은 무엇입니까?

② 어디에서 왔습니까?

③ 전공은 무엇입니까?

④ 몇 학년입니까?

5.

[예] 처음 뵙겠습니다. 김시우입니다.

　　한국대학교 학생입니다.

　　1학년입니다. 전공은 경영학입니다.

　　잘 부탁드립니다.

1.

김: 안경, 책, 가방

야마다: 모자, 펜, 노트

① これ

② それ

③ それ

④ これ

2.

[보기] 야마다 씨는 선생님입니다. (선배)

　　　▶ 야마다 씨는 선생님이 아닙니다. 선배입니다.

① ロッカーは 1 年生用じゃありません。3 年生用です。

② これは 田中さんのじゃありません。私のです。

③ 佐藤さんは 私の 友だちじゃありません。私の 後輩です。

④ この ロッカーは 無料じゃありません。有料です。

3.

[보기] 3학년 / 는 / 나 / 이 아닙니다

▶ 나는 3학년이 아닙니다.

① 昨日は 休みでした。

② それは スマホじゃありません。

③ これは 田中さんの ロッカーですか。

④ この 人は 誰ですか。

4.

[보기] A: 야마다 씨는 대학생이었습니까?

B: 네, 대학생이었습니다.

① いいえ、数学じゃありませんでした。

② いいえ、先生じゃありませんでした。

③ はい、数学でした。

④ いいえ、京都じゃありませんでした。

5.

[예] 이것은 로커입니다. 1학년용입니다. 무료입니다.

▶▶ 3과

1.

[보기] 저기·은행·(있습니다)

▶ 저기에 은행이 있습니다.

① あそこに 山田さんが います。

② 車の 下に 猫が います。

③ 机の 上に 消しゴムが あります。

④ 先生の 後ろに 時計が あります。

2.

[보기] A: 책상 위에 무엇이 있습니까? (카메라)

B: 카메라가 있습니다.

① かばんが あります。

② 写真が あります。

③ 何も ありません。

④ 田中さんが います。

3.

[보기] 있습니다 / 쓰레기통 / 이 / 에 / 저기

▶ 저기에 쓰레기통이 있습니다.

① 窓の 下に 時計が あります。

② 教室に 田中さんが います。

③ 椅子の 上に スマホが あります。

④ 先生の 隣に 佐藤さんが います。

4.

[보기] A: 전화는 어디에 있습니까?

B: (전화는) 문 오른쪽에 있습니다.

① A: かばんは どこに ありますか。

B: (かばんは) 机の 下に あります。

② A: カレンダーは どこに ありますか。

B: (カレンダーは) ドアの 右に あります。

③ A: ごみ箱は どこに ありますか。

B: (ごみ箱は) 窓の 下に あります。

④ A: 花は どこに ありますか。

B: (花は) 机の 左に あります。

5.

[예] 여기는 저의 방입니다. 방에 책상과 의자가 있습니다. 침대가 있습니다. …

6.

① ここに かばんが あります。

③ これは スマホではありません。

▶▶ 4과

1.

[보기] 사과는 맛있습니다. ▶ 맛있는 사과입니다.

① 明るい 部屋です。

② 面白い 日本語の 授業です。

③ いい 天気です。

④ 古い 店です。

2.

[보기] 즐거운 여행 ▶ 여행은 즐거웠습니다.

① 映画は 面白かったです。

② 昨日は 忙しかったです。

③ 部屋は 暑かったです。

④ キャンパスは 広くなかったです。

3.

[보기] A: 김치는 맵습니까? (네·아니요)

B1: 네, 맵습니다.

B2: 아니요, 맵지 않습니다.

① B1: はい、おいしいです。

B2: いいえ、おいしくありません。

② B1: はい、高いです。

B2: いいえ、高くありません。

③ B1: はい、忙しいです。

B2: いいえ、忙しくありません。

④ B1: はい、面白いです。

B2: いいえ、面白くありません。

4.

[보기] A: 라면가게는 어떻습니까?

B1: (맛있다·싸다) 맛있고 쌉니다.

B2: (맛있다·비싸다) 맛있습니다만 비쌉니다.

① 忙しいですが、楽しいです。

② 広くて 明るいです。

③ 難しいですが、面白いです。

④ 明るくて 面白いです。

5.

나, 친구, 일본어	즐겁다, 재미있다, 밝다
방, 라면, 캠퍼스	넓다, 비싸다, 싸다
사람	낡다, 새롭다, 맛있다

[예] 일본어는 재미있습니다. 친구는 밝은 사람입니다.

…

私は 明るいです。私の 部屋は 広いです。

ラーメンは おいしいですが、高いです。…

6.

①× これは 私の 新しい ノートです。

② ○

③× おいしくて 安い 店です。

④× 今日は いい 天気です。

▶▶ 5과

1.

[보기] 이 방은 깨끗하네요. ▶ 깨끗한 방이네요.

① 親切な 店ですね。

② 有名な 山ですね。

③ 優しくて 静かな 人ですね。

④ 親切で 明るい 先生ですね。

2.

[보기] 공원은 조용합니다.

  ▶ 공원은 조용했습니다.

  공원은 조용하지 않습니다.

  ▶ 공원은 조용하지 않았습니다.

① 店の 人は 親切でした。

② 日曜日の 学校は 賑やかじゃありませんでした。

③ 部屋は きれいでした。

④ 交通は 便利じゃありませんでした。

3.

[보기] A: 아사쿠사는 번화했습니까? (네·아니요)

  B1: 네, 번화했습니다.

  B2: 아니요, 번화하지 않았습니다.

① いいえ、静かじゃありません。

② はい、きれいです。

③ はい、便利です。

④ いいえ、上手じゃありません。

4.

[보기] A: 아사쿠사는 어떻습니까? (사람이 많다·번화하다)

  B: 사람이 많고 번화합니다.

① 画面が 広くて 便利です。

② 静かで きれいです。

③ 真面目で 面白いです。

④ 便利で 写真が きれいです。

5.

[예] 나는 밝은 사람입니다. 친구가 많습니다. …

私は ラーメンが 好きです。

友だちが 多くて 親切です。

日本語は 上手じゃありません。

でも 真面目な 人です。…

6.

① ○

②× 人が 多くて とても 賑やかです。

③× 山田さんは 静かで 親切な 人です。

④× 昨日 公園は 静かでした。

▸▸ 6과

1.

[보기] 몇 시에 갑니까? (9시)

  ▶ 9시에 갑니다.

① 6時に 起きます。

② 12時に 寝ます。

③ 5時に 来ます。

④ 4時に 始まります。

2.

[보기] A: 수업은 몇 시부터 몇 시까지입니까? (9시~4시)

  B: 9시부터 4시까지입니다.

① 12時から 13時までです。

② 8時から 18時までです。

③ 9時から 15時までです。

④ 0時から 24時までです。

3.

[보기] 6시에 일어나다 ▶ 6시에 일어납니다.

① 歩いて 10分くらい かかります。

② 今日は 1限から 授業が あります。

③ 学校は 8時に 行きます。

④ 午前 1時に 寝ます。

4.

	김	야마다	왕
통학시간	1시간	20분	1시간 30분
교통수단	버스	자전거	전철
기상시간	8시	9시	7시 40분
취침시간	12시	오전 1시	11시

① 1時間 かかります。

② 自転車で 来ます。

③ 7時40分に 起きます。

④ 12時に 寝ます。

5.

[예] 나는 7시에 일어납니다. …

私は 7時に 起きます。

7時30分に 朝ご飯を 食べます。

8時に 学校へ 行きます。

学校へ 電車で 行きます。

9時から 4時まで 授業が あります。

6時に 家へ 帰ります。

6.

① × 9時から 4時までです。

② ○

③ × 午後 3時に 起きます。

④ ○

▶▶ 7과

1.

[조사] 을/를 · 에 · 에 서 · 로 · 와/과

[보기] 친구 · 밥 · 먹습니다

▶ 친구와 밥을 먹었습니다.

① 図書館(で) 本(を) 読みました。

② 友だち(と) 新大久保(に) 行きました。

③ 新大久保(で) 韓国料理(を) 食べました。

④ 昨日 風邪(で) 休みました。

2.

[보기] 책·읽다

A: 자주 책을 읽습니까?

B: 아니요, 그다지 읽지 않습니다.

① A: よく 料理を しますか。

B: いいえ、あまり しません。

② A: よく 旅行に 行きますか。

B: いいえ、あまり 行きません。

③ A: よく 図書館に 行きますか。

B: いいえ、あまり 行きません。

④ A: よく ビールを 飲みますか。

B: いいえ、あまり 飲みません。

3.

[보기] A: 어제 무엇을 했습니까? (영화를 보다)

B: 영화를 봤습니다.

① 山に 登りました。

② 買い物を しました。

③ 料理を しました。

④ 友だちと お茶を 飲みました。

4.

	예	①	②	③
장소	오사카	공원	헬스장	백화점
목적	여행	산책	볼링	쇼핑

[예] A: 휴일에 어딘가에 갔습니까?

B: 네, 오사카에 갔습니다.

A: 그렇습니까? 무엇을 했습니까?

B: 여행을 했습니다. / 여행을 갔습니다.

① A: 休みに どこかへ 行きましたか。

　B: はい、公園へ 行きました。

　A: そうですか。何を しましたか。

　B: 散歩を しました。/ 散歩に 行きました。

② A: 休みに どこかへ 行きましたか。

　B: はい、ジムへ 行きました。

　A: そうですか。何を しましたか。

　B: ボーリングを しました。/ ボーリングに 行
　　きました。

③ A: 休みに どこかへ 行きましたか。

　B: はい、デパートへ 行きました。

　A: そうですか。何を しましたか。

　B: 買い物を しました。/ 買い物に 行きました。

5.

[예] 오늘은 생일입니다. 날씨가 좋습니다. 친구를 만납
니다. …

先週の 土曜日は 高校の 友だちに 会いました。
友だちと 映画を 見ました。映画は 面白かったで
す。一緒に 昼ご飯も 食べました。てんどんを 食
べました。おいしかったです。

6.

①× ゼミの 反省会に 行きました。

②× 明日 何を しますか。

③× 打ち上げで ボーリングに 行きました。

④× 今日は とても 忙しいです。

▶▶ 8과

1.

[보기] 추로스를 먹습니다·퍼레이드를 봅니다

　　▶ 추로스를 먹으면서 퍼레이드를 봅니다.

① 音楽を 聞きながら 勉強を します。

② コーヒーを 飲みながら 話します。

③ 電話を しながら 歩きます。

④ フライドチキンを 食べながら 野球を 見ます。

2.

[보기] A: 주말에 무엇을 하고 싶습니까? (친구를 만나다)

　　B: 친구를 만나고 싶습니다.

① おいしい 物を 食べたいです。

② 買い物を したいです。

③ 運動を したいです。

④ 一人で カフェへ 行きたいです。

3.

[보기] A: 주말에 무엇을 할 생각입니까?

　　（친구와 영화를 보다）

　　B: 친구와 영화를 볼 생각입니다.

① カフェで 勉強する つもりです。

② 実家に 帰る つもりです。

③ 新しい 服を 買う つもりです。

④ 学校で テニスを する つもりです。

4.

[보기] 책을 읽다　　A: 내일 어디에 갑니까?

　　　　　　　　　B: 학교에 갑니다.

　　　　　　　　　A: 무엇을 하러 갑니까?

　　　　　　　　　B: 책을 읽으러 갑니다.

① A: 明日、どこへ 行きますか。

　B: 学校へ 行きます。

　A: 何を しに 行きますか。

　B: 友だちに 会いに 行きます。

② A: 明日、どこへ 行きますか。

　B: 学校へ 行きます。

　A: 何を しに 行きますか。

B: 資料を さがしに 行きます。

③ A: 明日、どこへ 行きますか。

B: 学校へ 行きます。

A: 何を しに 行きますか。

B: プルで 泳ぎに 行きます。

④ A: 明日、どこへ 行きますか。

B: 学校へ 行きます。

A: 何を しに 行きますか。

B: テニスを しに 行きます。

⑤ A: 明日、どこへ 行きますか。

B: 学校へ 行きます。

A: 何を しに 行きますか。

B: 部活を しに 行きます。

5.

[예] 저는 여름 방학에 일본 여행을 할 생각입니다. …

私は 夏休みに 日本旅行を する つもりです。

日本の 大学へ 行きたいです。

すしや トンカツを 食べたいです。

カフェで 友だちと コーヒーを 飲みながら 話し

たいです。

▶▶ 9과

1.

[보기] 아침 일찍 일어나다 ▶ 아침 일찍 일어나지 않는
다.

① 朝ご飯を 食べない。

② 料理を しない。

③ ビールを 飲まない。

④ 試験の 時、友だちに 会わない。

2.

[보기] A: 항상 아침밥을 먹습니까?

B: 아니요, 먹지 않을 때도 있습니다.

① いいえ、見ない 時も あります。

② いいえ、しない 時も あります。

③ いいえ、買わない 時も あります。

④ いいえ、つけない 時も あります。

3.

[보기] 여기서 담배를 피우다

▶ 죄송합니다. 여기서 담배를 피우지 마세요.

① すみません。これ以上 食べないで ください。

② すみません。この 椅子に 座らないで ください。

③ すみません。研究室に 入らないで ください。

④ すみません。電車の 中で 電話しないで ください。

4.

[보기] 블로그는 전혀 하지 않습니다.

▶ 블로그는 전혀 하지 않습니다.

① 朝ご飯は あまり 食べません。

② 日曜日は 全然勉強しません。

③ 試験の 時は どこへも 行きません。

④ テレビは たまにしか 見ません。

5.

[보기] A: 김 씨, 수영할 수 있습니까?

B: 네, 작년은 못했는데, 지금은 할 수 있습니다.

① はい、去年は できなかったけど、今は できます。

② はい、去年は できなかったけど、今は できます。

③ はい、去年は しなかったけど、今は します。

④ はい、去年は 飲まなかったけど、今は 飲みます。

6.

[예] 고등학생 때는 아침 일찍 일어났지만 지금은 아침

일찍 일어나지 않습니다. 혼자서 영화관에 갑니다. …

1.

[보기] 카페에 가다·공부하다

▶ 카페에 가서 공부했습니다.

① 家へ帰って、掃除をしました。

② 友だちに会って、買い物をしました。

③ 京都へ行って、金閣寺を見ました。

④ コーヒーを買って、会社へ行きました。

2.

[보기] A: 학교축제에서 무엇을 했습니까?

B: (서클 활동 동료들과 모의점을 내다·스테이지

에서 연주를 하다)

서클 활동 동료들과 모의점을 내기도 하고 스테이

지에서 연주를 하기도 했습니다.

> 게임을 하다, 노래를 부르다, 연극을 보다,
>
> 모의점을 내다, 연주를 하다, 테니스를 치다,
>
> 춤을 추다

① 歌を歌ったりダンスをしたりしました。

> 청소를 하다, 영화를 보다, 쇼핑을 하다,
>
> 야구를 보다, 맛있는 것을 먹다,
>
> 미술관에 가다, 콘서트에 가다

② 掃除をしたり映画を見たりしました。

3.

[보기] 지금 회의 중입니다. (조용히 하다)

▶ 지금 회의 중입니다. 조용히 해 주세요.

① 準備中です。もう少し待ってください。

② もう時間です。ドアを開けてください。

③ 今週は試験です。来週電話してください。

④ 朝早いです。早く寝てください。

4.

① で, を

② へ, に

③ に(と), に

④ で, を, を

5.

	시기	기간
대학축제	5월	3일
기온마쓰리	7월	2일
하루바쇼	3월	15일
눈축제	2월	2주간
올림픽	9월	16일

[보기] A: 대학축제는 언제입니까?

B: 5월이고 3일간입니다.

① 7月で、2日間です。

② 3月で、15日間です。

③ 2月で、2週間です。

④ 9月で、16日間です。

6.

私はソガン大学の学生です。

経営学部の1年生です。

私はタイから来ました。

私は友だちが多くありません。

私は真面目です。毎日本を読みます。

…

51